Ordenanza de la Administración de la Comunidad Autónoma de Extremadura

Curso

La diferencia entre aprobar
y sacar plaza

Ordenanza

COMUNIDAD AUTÓNOMA DE EXTREMADURA

Si aún no dispones de tu **Curso MAD360**, te ofrecemos un acceso GRATIS de 30 días para que disfrutes de los siguientes recursos:

- Técnicas de Memoria 360.
- MADTEST: Test Nivel PRO.
- Temario en formato digital.
- Planificación de estudio.
- Foro entre opositores hasta la fecha del examen.*
- Recursos y novedades exclusivas.
- Consulta sobre la oposición y el proceso selectivo.
- Actualizaciones legislativas (Boletines Oficiales) hasta 60 días antes de la fecha del examen.*

Para acceder a esta prueba del Curso MAD360** será necesaria la compra de todos los libros para esta especialidad de la edición 2025.

Regístrate en **mad.es/iniciar-sesion** y en la pestaña BIBLIOTECA valida los códigos que encuentras en la última página de tus libros.

NOTA IMPORTANTE:

* Examen de esta categoría profesional correspondiente a la convocatoria publicada en el DOE n.º 250, de 27 de diciembre de 2024, o hasta el 28 de febrero de 2026, lo que se cumpla antes, y previa renovación del servicio.

** El acceso al CURSO MAD360 estará disponible desde febrero de 2025 (algunos recursos podrían estar disponibles en fecha posterior). Tendrá una duración de 30 días RENOVABLES mediante pago, desde la validación de códigos, o hasta el 31 de agosto de 2026, lo que se cumpla antes.

MAD se reserva el derecho a ampliar dichas fechas.

Ordenanza de la Administración de la Comunidad Autónoma de Extremadura

Test y Supuestos Prácticos

Autores

JOSÉ ANTONIO VEGA ÁLVAREZ
MAESTRO INDUSTRIAL

TERESA MARÍA TORRES FONSECA
LICENCIADA EN DERECHO

LIDIA MARINA PONCE MARTÍNEZ
LICENCIADA EN PSICOLOGÍA

MIGUEL BALDOMERO RAMÍREZ FERNÁNDEZ
INGENIERO TÉCNICO INDUSTRIAL
GRADUADO EN INGENIERÍA MECÁNICA
INGENIERO DE ORGANIZACIÓN INDUSTRIAL

© 7 Editores Recursos para la Cualificación Profesional y el Empleo, S.L. (7 Editores)
© Los autores
Primera edición, febrero 2025 (156 páginas)
Derechos de edición reservados a favor de 7 Editores
IMPRESO EN ESPAÑA
Diseño Portada: 7 Editores
Edita: 7 Editores
Avda. San Francisco Javier, 9 · Edificio Sevilla 2 · Planta 11 · Módulos 25-27 · 41018 Sevilla
Teléfono: 954 784 411 · WEB: www.mad.es · e-mail: administracion@7editores.com
ISBN: 978-84-142-9254-9
© "Editorial Mad" y "Eduforma" son nombres comerciales registrados de
7 Editores Recursos para la Cualificación Profesional y el Empleo, S.L.

Índice

TEST

SUPUESTOS PRÁCTICOS

TEST

TEST N.º 1

Funciones ordinarias en mantenimiento de instalaciones: Fontanería, cerrajería, electricidad, calefacción, aire acondicionado

1. La soldadura de tubos de cobre que se realiza con aglutinantes y funden a más de 700º C se denomina:

a) Soldadura blanda.
b) Soldadura por capilaridad.
c) Soldadura fuerte.
d) Soldadura en frío.

2. Para desatascar los bajantes, lo mejor es desmontarlos de su conexión con canalones y arquetas y proceder a su desembozado mediante el sistema de:

a) Uso de ventosas.
b) Varillado.
c) Uso de desatascadores químicos.
d) Uso de paleta apropiada.

3. Una de las medidas provisionales de urgencia que podemos tomar en la reparación de escapes y reventones de tuberías es:

a) Cortar la sección donde esté la fisura e insertar una nueva sección del mismo grosor y material, enroscada mediante dos racores.
b) Si el escape se produce en un racor que soporta una elevada presión, desmontarlo y envolver la rosca en cinta de teflón.
c) Cubrir la zona de fuga, agujero o grieta, con una tira de goma plástica sujeta mediante abrazaderas de tornillos bien apretadas.
d) Cortar la tubería a ambos lados de la fuga a una distancia de 2 cm. de longitud para intercalar un racor a presión, comprimiéndolo entre las dos bocas de tubería y ajustándolo mediante el giro opuesto de dos llaves.

4. Los malos olores procedentes de los desagües se deben de detener mediante los sifones. ¿Qué forma debería tener un sifón para mantener un nivel permanente de agua que choque contra los malos olores?

a) P.
b) Z.
c) S.
d) La respuesta a) y c) son correctas.

5. La parte de la cisterna que impide que siga entrando agua cuando la cisterna o depósito están llenos es:

a) Válvula de charnela.
b) Válvula del flotador.
c) Sifón.
d) Palanca de descarga.

6. El mantenimiento de los aparatos de calor se reduce al control de los dispositivos que los regulan. De ellos, el dispositivo que permite seleccionar las zonas donde queremos distribuir el calor, dejando cerradas las zonas no habitadas de un edificio, es:

a) El termostato.
b) El interruptor de encendido-apagado.
c) El sistema de válvulas del circuito de calefacción.
d) El radiador.

7. La principal función del ordenanza, en relación al aislamiento de estancias y su correcta climatización, es:

a) Vigilar el buen estado y encaje de ventanas y puertas.
b) Cerrar continuamente las puertas y ventanas que se encuentren abiertas.
c) Colocar ventiladores empotrados en la pared.
d) Instalar deshumidificadores.

8. Para el aislamiento de puertas y ventanas el ordenanza podrá utilizar las tiras de espuma. Indica cuál de las siguientes no es una afirmación correcta sobre su colocación y mantenimiento:

a) Para un mayor rendimiento colocarlas sin estirar.
b) Se pegan mediante una cinta autoadhesiva que contiene la tira.
c) Durante su mantenimiento se deben de pintar.
d) Evitaremos exponerlas al sol para que no pierdan su elasticidad.

9. Las cerraduras son elementos de seguridad que bloquean el paso de ventanas y puertas. ¿Cuál de estos modelos de cerradura son las que se introducen en el canto de la puerta mediante una caja lograda con escoplo?

a) Cerraduras de embutir.
b) Cerraduras superpuestas.
c) Cerradura de tambor.
d) Ninguna de las anteriores es correcta.

10. En algunas ocasiones, las puertas se descuelgan o rozan con el suelo o el marco de la puerta, ¿cuál de estas respuestas indica la solución a los rozamientos de las puertas?

a) Para su arreglo se utiliza una masilla para PVC.
b) Pueden fijarse con listones de madera o masilla (marcos de madera) o con tiras de goma elástica (marcos de aluminio).
c) Se pueden introducir arandelas gruesas entre las bisagras para elevar 1 o 2 milímetros su altura.
d) Puede ser reparada con relativa facilidad siempre y cuando se trate de piezas engarzadas.

11. Señala cuál de las siguientes opciones constituye el primer paso en el proceso para arreglar la cinta de una persiana:

a) Volver a atornillar el cajón superior y colocar el resorte inferior empotrado a la pared.
b) Desatornillar el resorte inferior que enrolla la cinta.
c) Desatornillar el cajón superior de la ventana eliminando el resto de cinta rota.
d) Fijar la nueva cinta al tambor de la persiana.

12. Señala a qué clase de contrachapado corresponde la siguiente definición: "está indicado para usos industriales en los que la resistencia y durabilidad son las características primordiales. Las caras suelen ser de peor calidad":

a) Contrachapado náutico.
b) Contrachapado estructural.
c) Contrachapado exterior.
d) Contrachapado interior.

13. ¿Qué evidencias percibiremos cuando exista una avería debida a la conexión defectuosa de la reactancia, que habrá que comprobar, o bien a que la reactancia es inadecuada, por lo que habrá que sustituirla por otra de potencia acorde con el tubo fluorescente?

a) Los bornes zumban produciendo ruido.
b) El tubo no enciende.
c) La luz parpadea.
d) Los extremos del tubo se ponen negros.

14. Los enchufes que sirven para conectar aparatos y están dotados de equipo para toma de tierra, ¿cuántos bornes presentan?

a) Uno.
b) Dos.
c) Tres.
d) Cuatro.

15. Para sustituir un portalámparas defectuoso es necesario, en primer lugar:

a) Desatornillar los terminales de los conductores.
b) Reemplazar la reactancia.
c) Desenroscar la bombilla y quitarla de la base.
d) Desenroscar el aro de porcelana y la funda metálica para acceder a la base.

16. ¿Cómo se llama el interruptor que desconecta automáticamente la instalación en caso de producirse una derivación de algún aparato o en algún punto de instalación?

a) IAD.
b) ICP.
c) PIA.
d) IPC.

17. Los elementos metálicos (generalmente de cobre) que siempre estarán recubiertos con material protector (aislante) destinados a transportar la energía eléctrica, se denominan:

a) Interruptores.
b) Conductores eléctricos.
c) Cajas de registros.
d) Empalmes.

18. ¿Cómo se llama la protección principal de cualquier instalación eléctrica?

a) ICP.
b) IGA.
c) Cuadro General de Mando.
d) Interruptor Diferencial.

19. Tiene como función la de controlar la potencia que consume la línea, desconectándose cuando la potencia consumida sea superior a la contratada:

a) ICP.
b) IAD.
c) IGA.
d) UVA.

20. ¿Cuál es el interruptor que se encarga de proteger a las personas de los contactos indirectos, conocido también como "salvavidas"?

a) Interruptor general automático.
b) Interruptor automático diferencial.
c) Interruptor de control de potencia.
d) Toma de tierra.

21. En un circuito eléctrico, ¿qué cable corresponde con la toma de tierra?

a) Negro.
b) Marrón.
c) Amarillo con una franja verde.
d) Azul.

22. Pieza de material aislante con dos varillas metálicas, las cuales se introducen en las hembrillas del enchufe para establecer una conexión eléctrica:

a) Interruptor.
b) Clavija eléctrica.
c) Conductor eléctrico.
d) Enchufe.

23. Un cortocircuito se produce cuando:

a) El cable de alimentación y el de retorno de un aparato entran en contacto.
b) El cable de retorno entra en contacto con otro cable de retorno.
c) El circuito eléctrico funciona de manera ininterrumpida.
d) No existe cable de retorno.

24. En un enchufe, si se observa que la carcasa que recubre los bornes tiene algún tipo de deformación o señal de que se ha incendiado parcialmente debido a un cortocircuito (el plástico quemado), se deberá cambiar:

a) La fase.
b) La base.
c) El neutro.
d) Los bornes.

25. El acondicionamiento de aire:

a) Es el proceso de tratamiento de aire que controla en un local interior la temperatura.
b) Es el proceso de tratamiento de aire que controla en un local interior la humedad y el movimiento.
c) Es el proceso de tratamiento de aire que controla en un local interior la limpieza de aire.
d) Todas las anteriores son correctas.

26. ¿De qué material son los radiadores?

a) De hierro fundido.
b) De cobre.
c) De chapa de acero.
d) Las respuestas a) y c) son correctas.

27. ¿Existen purgadores automáticos?

a) Sí.
b) No.
c) Depende del precio de la instalación.
d) Depende del país donde se adquiera.

28. ¿En qué consisten los purgadores manuales?

a) En sacar el aire con la mano.
b) En sacar el aire con un filtro.
c) En maniobrar el tornillo de su extremo para abrir la salida que lleva este, dejando salir el aire hasta que sale el agua.
d) Depende del tamaño del radiador.

29. ¿Existen radiadores de aluminio?

a) Sí.
b) No.
c) Depende de la zona geográfica.
d) Depende de la estación del año.

30. Elemento de la bomba de calor en el que el gas refrigerante cede el calor tomado del ambiente:

a) Evaporador.
b) Compresor.
c) Condensador.
d) Válvula expansora.

31. Equipo a presión en el que el calor procedente de cualquier fuente de energía se transfiere a los usos térmicos del edificio por medio de un circuito de agua cerrado:

a) Caldera.
b) Bomba de calor.
c) Generador de aire caliente.
d) Instalación térmica.

Solución al test n.º 1

1. c) Soldadura fuerte.

2. b) Varillado.

3. c) Cubrir la zona de fuga, agujero o grieta, con una tira de goma plástica sujeta mediante abrazaderas de tornillos bien apretadas.

4. d) Las respuestas a) y c) son correctas

5. b) Válvula del flotador.

6. c) El sistema de válvulas del circuito de calefacción.

7. a) Vigilar el buen estado y encaje de ventanas y puertas.

8. c) Durante su mantenimiento se deben de pintar.

9. a) Cerraduras de embutir.

10. c) Se pueden introducir arandelas gruesas entre las bisagras para elevar 1 o 2 milímetros su altura.

11. b) Desatornillar el resorte inferior que enrolla la cinta.

12. b) Contrachapado estructural.

13. a) Los bornes zumban produciendo ruido.

14. c) Tres.

15. d) Desenroscar el aro de porcelana y la funda metálica para acceder a la base.

16. a) IAD.

17. b) Conductores eléctricos.

18. b) IGA.

19. a) ICP.

20. b) Interruptor automático diferencial.

21. c) Amarillo con una franja verde.

22. b) Clavija eléctrica.

23. a) El cable de alimentación y el de retorno de un aparato entran en contacto.

24. b) La base.

25. d) Todas las anteriores son correctas.

26. d) Las respuestas a) y c) son correctas.

27. a) Sí.

28. c) En maniobrar el tornillo de su extremo para abrir la salida que lleva este, dejando salir el aire hasta que sale el agua.

29. a) Sí.

30. c) Condensador.

31. a) Caldera.

TEST N.º 2

**Funciones del ordenanza en el área administrativa.
Servicio de custodia de materiales e instalaciones.
Control de entrada. Apertura y cierre de edificios**

1. De entre las opciones enumeradas, ¿cuál de las siguientes es una función propia de ordenanzas?

a) Confección de documentos, como recibos o fichas.
b) Registro y archivo de documentos.
c) Funciones de apoyo al personal titulado, no de sustitución, en trabajos que requieren cierto grado de conocimiento teórico y práctico de las técnicas bibliotecarias.
d) Custodiar las llaves de los despachos y oficinas.

2. La medida preventiva de seguridad que consiste en la supervisión y regulación del tránsito de personas, vehículos y objetos a través de una o varias zonas de un edificio público, se llama:

a) Apertura de instalaciones.
b) Control de accesos.
c) Acreditación de visitantes.
d) Identificación automática.

3. El principal objetivo del control de accesos es:

a) Obtener información de cuantas personas acceden al edificio diariamente.
b) La información al ciudadano sobre el lugar al que se ha de dirigir.
c) Minimizar o descartar riesgos de seguridad derivados de entradas y salidas no autorizadas.
d) Favorecer el uso de la administración electrónica.

4. Los distintos sistemas de control de accesos vienen clasificados en la norma UNE-108-230-86, en dos grupos:

a) Sistemas de control de accesos manuales y sistemas de control de accesos mecánicos.
b) Sistemas de control de accesos de entrada y sistemas de control de accesos de salida.

c) Sistemas de control de accesos simples y sistemas de control de accesos complejos.

d) Sistemas de control de accesos de personas y sistemas de control de accesos de objetos.

5. Cuando se exige algún tipo de credencial para acceder al interior de un edificio, la forma de control de accesos será:

a) Regulación del tránsito.

b) Recepción de personas visitantes y usuarios.

c) Registro de movimientos.

d) Apertura de puertas.

6. ¿Cuál de los siguientes es un sistema de credencial material?

a) La huella digital.

b) La cerradura de combinación.

c) El iris de los ojos.

d) La tarjeta de control.

7. ¿Cuál de los siguientes es un sistema credencial de conocimientos?

a) La voz.

b) Los emisores de radiofrecuencia.

c) La cerradura de combinación.

d) La llave magnética.

8. De entre los siguientes sistemas de credenciales, señala cuál es de conocimiento:

a) Emisor de infrarrojos.

b) Tarjeta holográfica.

c) Teclado digital.

d) Geometría de la mano.

9. ¿Cuál de los siguientes es un sistema de credencial personal?

a) Rasgos faciales.

b) Escritura.

c) Emisor de ultrasonido.

d) Llave mecánica.

10. De los siguientes términos, ¿cuál define a los elementos tipo portillos motorizados o pasillos automatizados que se colocan en los puntos de acceso que se utilizan como entrada a los edificios para canalizar la entrada por los lugares indicados y restringir el paso para que solo sea utilizado por personas autorizadas?

a) Alarmas.

b) Tornos.

c) Conserjería.
d) Garitas.

11. De las siguientes opciones, señala la incorrecta en relación al control de accesos de objetos:

a) Los encargados del control de entrada y salida podrán comprobar, cuando así se les encomiende, el contenido de los bultos o paquetes sospechosos que el personal o los usuarios del servicio entren o saquen de los locales.
b) Deben declararse a la entrada los objetos que a la salida pudieran dar lugar a dudas sobre la licitud de su tenencia.
c) No se permitirá la salida de ningún objeto o material de servicio que no haya sido declarado a la entrada, aunque tenga autorización.
d) Cuando por obras, u otra causa, alguna dependencia precise dar salida a un considerable volumen de objetos o material, deberá participarlo al personal de control de entrada y salida para su debido control.

12. El arco detector de metales no es válido para detectar:

a) Herramientas.
b) Drogas.
c) Artefactos explosivos.
d) Armas.

13. El sistema de control de acceso de vehículos puede utilizarse en zonas de aparcamiento exclusivas del organismo y, generalmente, con capacidad para al menos:

a) 10 vehículos.
b) 30 vehículos.
c) 50 vehículos.
d) 100 vehículos.

14. A la hora de distinguir los rasgos más importantes para describir a una persona, se considera una característica especial:

a) La edad.
b) La raza.
c) La forma de la cara.
d) El sexo.

15. No forma parte de la función de apertura de edificios:

a) Gestionar el servicio de guardarropas.
b) Inspeccionar visualmente los elementos estructurales de acceso exteriores.

c) Desconectar el sistema de alarma.

d) Encender las luces principales del edificio.

16. No es cierto que la ronda de seguridad:

a) Incluya verificar el estado general de las instalaciones en materia de seguridad.

b) Se puede realizar en cualquier momento de la jornada.

c) Se realice recorriendo planta a planta, inspeccionando y asegurando cada una de ellas.

d) Incluya comprobar el correcto funcionamiento de los equipos y sistemas de detección y alarma.

17. Las áreas sensibles de un edificio de un organismo público son aquellas zonas, salas o despachos que, por circunstancias concretas, requieran de una atención de seguridad específica. Se consideran como tales:

a) Las plantas más altas del edificio.

b) Las áreas administrativas.

c) Los salones de actos.

d) Las salas de cuartos de máquinas e instalaciones.

18. Señala, de las siguientes, cuál es la opción incorrecta en relación con la inspección de los despachos de dirección y altos cargos:

a) La inspección se realizará todos los días a partir de la finalización del horario laboral normalizado, cuando la dirección o alto cargo y su secretaria o secretario hayan abandonado el edificio.

b) Se comprobará que el despacho esté cerrado; en el caso de que esté abierto, se comprobará la presencia e identidad de quien permanezca en su interior.

c) Si hubiera alguien en el interior, a la salida se cerrarán las puertas y se registrará el hecho como incidencia en el libro oficial de incidencias o aplicación informática correspondiente.

d) Aunque las puertas de los despachos estén cerradas o no se detecten irregularidades desde el exterior, durante la inspección de la ronda de seguridad se deberá entrar para cerciorarse de que todo está correcto en el interior.

19. La puesta en marcha de instalaciones por parte del ordenanza comprende la puesta a punto y en servicio de... (señala la opción incorrecta):

a) La calefacción o refrigeración de la sala.

b) Los ordenadores de los distintos puestos administrativos.

c) Los sistemas de ventilación exterior y/o interior.

d) La iluminación artificial y/o natural.

20. Son elementos de las instalaciones de climatización:

a) Los equipos de alumbrado de emergencia.
b) Los sistemas de prevención de sobretensiones y protección con pararrayos.
c) Las motobombas.
d) Los sistemas de abastecimiento de agua contra incendios.

21. Señala la opción correcta relacionada con la función de custodia y control de llaves:

a) La custodia y control de llaves de cualquier edificio de un organismo público es responsabilidad del personal peón o personal de oficios.
b) Las llaves son para uso exclusivo del ordenanza, no pudiendo cederse temporalmente bajo ningún concepto a otras personas del centro o ajenas al mismo.
c) Cualquier persona del centro podrá solicitar el uso y disfrute de copias de las llaves de las dependencias en las que trabaje.
d) El ordenanza encargado de la custodia y control de llaves del edificio registrará en el libro oficial de registro o aplicación informática los movimientos de llaves, entrega y recogida solicitadas por personal laboral y contratas externas autorizadas por la administración del edificio.

Solución al test n.º 2

1. d) Custodiar las llaves de los despachos y oficinas.

2. b) Control de accesos.

3. c) Minimizar o descartar riesgos de seguridad derivados de entradas y salidas no autorizadas.

4. d) Sistemas de control de accesos de personas y sistemas de control de accesos de objetos.

5. a) Regulación del tránsito.

6. d) La tarjeta de control.

7. c) La cerradura de combinación.

8. c) Teclado digital.

9. a) Rasgos faciales.

10. b) Tornos.

11. c) No se permitirá la salida de ningún objeto o material de servicio que no haya sido declarado a la entrada, aunque tenga autorización.

12. b) Drogas.

13. a) 10 vehículos.

14. c) La forma de la cara.

15. a) Gestionar el servicio de guardarropas.

16. b) Se puede realizar en cualquier momento de la jornada.

17. d) Las salas de cuartos de máquinas e instalaciones.

18. d) Aunque las puertas de los despachos estén cerradas o no se detecten irregularidades desde el exterior, durante la inspección de la ronda de seguridad se deberá entrar para cerciorarse de que todo está correcto en el interior.

19. b) Los ordenadores de los distintos puestos administrativos.

20. c) Las motobombas.

21. d) El ordenanza encargado de la custodia y control de llaves del edificio registrará en el libro oficial de registro o aplicación informática los movimientos de llaves, entrega y recogida solicitadas por personal laboral y contratas externas autorizadas por la administración del edificio.

TEST N.º 3

Utilización y mantenimiento básico de medios de comunicación y máquinas auxiliares de oficina: Centralita telefónica, fax, fotocopiadoras, encuadernadoras, trituradoras. Conocimiento y empleo de cada uno de ellos

1. ¿Cuál de entre los siguientes no es un elemento imprescindible para la transmisión de un fax?

a) Un teléfono.
b) Papel para recibir la información (salvo que el fax se reciba directamente en un ordenador).
c) Un fax o un ordenador con tarjeta de módem-fax en cada uno de los puntos, es decir, uno en el punto de emisión y otro en el punto de recepción.
d) Una línea telefónica a través de la cual se realiza la comunicación.

2. ¿Para qué sirve la Tarjeta de Control de las fotocopiadoras?

a) Para controlar el número de copias realizadas por cada usuario con tarjeta.
b) Para cobrar las copias realizadas por cada usuario.
c) Para controlar el número de copias realizadas por cada usuario con tarjeta, y diferenciarlo de los usuarios que utilizan la máquina sin tarjeta.
d) Ninguna respuesta es correcta.

3. La tecla REINICIAR de una fotocopiadora:

a) Sirve para aumentar la "autonomía" de la máquina.
b) Se utiliza para encender la máquina.
c) Se utiliza para seleccionar el número de ejemplares que deseamos fotocopiar.
d) Se utiliza para dejar la máquina con las funciones configuradas por defecto.

4. Las teclas numéricas de las fotocopiadoras:

a) Se utilizan para seleccionar el número de ejemplares que deseamos fotocopiar.
b) Se utilizan para introducir el número de control en el caso de que la máquina cuente con clave de acceso.

c) Se utilizan para indicar la medida del papel que vamos a seleccionar.
d) Las respuestas a y b son correctas.

5. Cuando un aparato de fax, antes de remitir las páginas que le hemos introducido, las "lee" todas, está haciendo una función que se denomina:

a) Lectura.
b) Escaneo.
c) Replanteo.
d) Ninguna respuesta es correcta.

6. Si hacemos una fotocopia en la modalidad de "Combinación de imagen 2 en 1/ Doble Cara", nuestra máquina:

a) Reduce cuatro originales para que entren en ambas caras de una sola hoja de copia.
b) Reduce dos originales para que entren en una cara de una sola hoja de copia.
c) Reduce cuatro originales para que entren en una cara de una sola hoja de copia.
d) Reduce dos originales para que entren en una cara de una sola hoja de copia.

7. Para enviar un fax, es necesario:

a) Contar con un aparato desde donde queremos transmitir el documento y otro allí donde deseamos que se reciba el mismo.
b) Contar con un aparato desde donde queremos transmitir el documento sin que sea necesario otro allí donde deseamos que se reciba el mismo, ya que dicho servicio lo proporciona Correos.
c) Que el cartucho de papel en blanco del fax desde el que queremos transmitir tenga papel.
d) Ninguna respuesta es correcta.

8. El tóner de las fotocopiadoras:

a) Es líquido.
b) Es siempre en polvo.
c) Puede ser en líquido o en polvo.
d) Puede ser en líquido, en polvo o en grano.

9. El artefacto que en una guillotina sujeta con gran firmeza el papel a cortar se denomina:

a) Pistón.
b) Pilón.
c) Pisón.
d) Plantón.

10. ¿Para qué se utiliza el "cristal de copia"?

a) Para recoger las copias expulsadas por la fotocopiadora.
b) Para depositar el original a reproducir.
c) Para sostener el papel sobre el que se va a reproducir el original.
d) Ninguna de las respuestas anteriores es correcta.

11. Mediante el aparato de fax:

a) Podemos transmitir cualquier tipo de documento, según la actual definición legal de documento.
b) Podemos transmitir un documento de papel que sea sólo texto.
c) No podemos transmitir imágenes.
d) Podemos transmitir un documento de papel, ya sea sólo texto o imágenes.

12. Si vamos a realizar fotocopias sin servirnos del alimentador recirculante de originales, ¿cómo dejaremos la cubierta superior de la máquina?

a) Preferiblemente abierta.
b) Cerrada.
c) Necesariamente abierta.
d) Si la cubierta superior no está cerrada, la máquina no funciona.

13. ¿Mediante qué tipo de artefacto colocaremos el papel en el centro en un aparato de fax?

a) Mediante las guías de papel.
b) Mediante el centrador de papel.
c) Mediante el ubicador de papel.
d) Mediante el seleccionador de papel.

14. ¿Qué tecla se pulsa para interrumpir una tirada de copias en caso de que necesite hacer copias urgentes?

a) La tecla de interrupción.
b) La tecla para reiniciar.
c) La tecla guía.
d) La tecla detener.

15. Una guillotina:

a) Es una máquina que se utiliza para cortar pilas de papel de hasta 500 folios de una vez.
b) Es una máquina que se utiliza para cortar planos.
c) Es una máquina que se utiliza para cortar pilas de papel de un máximo de 15 folios de una vez.
d) Ninguna respuesta es correcta.

16. La máquina cuyo uso más frecuente es cortar planos (las de gran tamaño), se denomina:

a) Guillotina.
b) Cizalla de pistón.
c) Cizalla de palanca.
d) Cizalla de rodillo.

17. Las plastificadoras para el proceso de plastificado cuentan con un sistema de:

a) 5 rodillos.
b) 4 rodillos.
c) 6 rodillos.
d) 2 rodillos.

18. La función de la centralita telefónica es:

a) Interconectar a varias centrales de la misma red.
b) Permitir la conexión de terminales de otras redes.
c) La gestión de llamadas entrantes y salientes de una empresa o servicio.
d) La gestión de llamadas entrantes pero no salientes.

19. La central telefónica se encuentra ubicada en:

a) El mismo lugar que la centralita.
b) La centralita y la central son la misma cosa.
c) No existe el término central, el correcto es centralita.
d) Se encuentra en la sede central del operador telefónico.

20. La función principal de las centralitas telefónicas es:

a) La conmutación y direccionamiento de las llamadas.
b) El gestionar las llamadas entrantes.
c) El gestionar las llamadas salientes.
d) Ninguna de las anteriores.

21. Las centralitas RTB manejan:

a) Líneas digitales.
b) Líneas hibridas.
c) Líneas analógicas.
d) Líneas por fibra óptica.

22. Las centralitas con líneas ADSL gestionan:

a) Datos en formato digital.
b) Señales analógicas.

c) Llamadas de fuera de la red.
d) Ninguna de las anteriores.

23. Son dispositivos que pueden ir conectados a la centralita:

a) Los repetidores digitales.
b) Los repetidores analógicos.
c) Los repetidores de telefonía móvil.
d) Ninguna de las anteriores.

24. La función del router es:

a) Mantener la estabilidad de la alimentación.
b) Adecuar las entradas y salidas de la centralita a otros sistemas de comunicación.
c) Adecuar las entradas pero no las salidas.
d) Dotar de puertos digitales a la centralita.

25. A los terminales finales conectados a una centralita se les denomina:

a) Módems
b) Routers.
c) Extensiones.
d) Teléfonos finales.

26. ¿Qué otra denominación tiene el servicio de operadora automática?

a) Multillamadas.
b) Llamas a tres.
c) Operador remoto.
d) Multinúmero automático.

27. La centralita puede direccionar las llamadas hacia determinadas líneas con el fin de:

a) Repartir el trabajo.
b) Intentar mantener alguna libre.
c) No recalentar el sistema.
d) Ninguna de las anteriores.

28. Cuando se activa el desvío de llamadas entrantes, esta se produce en los siguientes casos:

a) Cuando la línea está ocupada más de 10 minutos.
b) Cuando la línea está ocupada más de 15 minutos.
c) Cuando la línea está ocupada o no atendida.
d) Cuando así lo indica el telefonista.

29. El servicio mediante el cual un usuario puede saber que una segunda llamada se está produciendo y permite atenderla sin cortar la llamada en curso, se denomina:

a) Atención múltiple.
b) Llamada en espera.
c) Desvío de llamada.
d) Llamada asíncrona.

30. Cuando se activa la llamada en espera, ¿pueden atenderse dos llamadas simultáneamente?

a) Siempre.
b) Siempre que se desee.
c) Sólo se atiende una y se pierde la otra.
d) Se da prioridad a la primera.

31. El servicio de llamada a tres también se denomina:

a) Multiconferencia.
b) Multillamada.
c) Conferencia a tres.
d) Conferencia múltiple.

32. El servicio en el que tres personas pueden hablarse y escucharse simultáneamente, se denomina:

a) Conferencia.
b) Llamada múltiple.
c) Llamada automatizada múltiple.
d) Conferencia o llamada a tres.

33. Otras funciones disponibles en las centralitas son:

a) Alimentación alterna.
b) Llamada remota.
c) Llamada cíclica, en caso de no poder atender.
d) Control del consumo.

34. Con carácter general, ¿qué datos quedan reflejados para controlar el consumo de una llamada?

a) El número que llama.
b) El número llamado.
c) El número llamado y el que llama.
d) El número llamado, el número que llama y la duración de la llamada.

35. Al servicio que puede evitar la entrada de determinadas llamadas o la realización de ellas desde determinadas extensiones, se le denomina:

a) Restricción de llamadas.
b) Prohibición de llamadas.
c) Anulación de llamadas.
d) No se puede evitar que se realicen o reciban llamadas libremente.

36. La marcación por voz requiere:

a) Que sea el telefonista titular el que hable.
b) Que la voz sea reconocida previamente por la centralita.
c) No existe tal servicio.
d) Ninguna de las anteriores es válida.

37. El servicio de marcación por voz:

a) Es estándar en todas las centralitas.
b) Es poco frecuente.
c) Está en vía de implantación.
d) Sólo se dispone en centralitas analógicas.

38. ¿Hay centralitas que disponen de control de las llamadas y de consumo mediante impresión automática al terminar una conferencia?

a) No.
b) Depende de la llamada.
c) Sí.
d) Ninguna de las respuestas anteriores es correcta.

39. Un sistema Centrex es un sistema PBX donde:

a) Se centra todo.
b) La conmutación se produce de manera inalámbrica.
c) La compañía telefónica proporciona las funciones de conmutación.
d) La operadora no tiene por qué seleccionar los terminales.

40. ¿Interviene el usuario en la función de "rechazo de llamadas anónimas" en las operadoras?

a) Sí.
b) No.
c) Depende del usuario.
d) Depende de quien llame.

41. La llamada donde un abonado de la central se conecta a un abonado que también es de la central se denomina:

a) Llamada saliente.
b) Llamada entrante.
c) Llamada local.
d) Llamada de tránsito.

42. Se denomina conmutación a:

a) Control del encaminamiento de las señales de transmisión que se reciben y envían de una operadora.
b) Un tipo de operadora.
c) Un tipo de consola.
d) Un tipo de cable.

43. La principal ventaja de las centrales modulares es:

a) La de ampliarse con más placas y crecer al mismo tiempo que las necesidades del usuario.
b) No ampliarse.
c) No atender a las necesidades del usuario a medida que crezcan sus necesidades.
d) Traen alarmas incorporadas.

44. ¿Permiten las centrales digitales operadoras sobre ordenadores?

a) No.
b) Sí.
c) Depende de la computadora.
d) Depende de la tarjeta de red del ordenador.

45. Dos compañías comparten una misma área o edificio de oficinas y un mismo sistema de comunicación. ¿Qué tipo de central deberían tener?

a) Pbx.
b) Multilínea.
c) Multi-pbx.
d) Modular.

46. El sistema ACD se basa en:

a) Gestionar las llamadas antes de cambiar de dirección.
b) Gestionar un gran número de llamadas entrantes.
c) Sistemas no digitales.
d) Interconectar centralitas ubicadas en distintas zonas geográficas.

47. Las centrales digitales con interconexión en red permiten:

a) Gestionar las llamadas antes de cambiar de dirección.
b) Gestionar un gran número de llamadas entrantes.
c) Sistemas no digitales.
d) Interconectar centralitas ubicadas en distintas zonas geográficas.

48. Los sistemas de centrales digitales más modernos permiten intercomunicarse con cualquier otra central telefónica del mercado que disponga de algún estándar específico:

a) Verdadero.
b) Falso.
c) Depende de la situación geográfica de la central.
d) No hay tecnología suficiente para realizar tal maniobra.

49. Se denomina "centralita telefónica":

a) Al dispositivo utilizado como terminal en las llamadas.
b) Al dispositivo utilizado como línea en las llamadas.
c) Al dispositivo utilizado para la gestión de las llamadas, tanto entrantes como salientes, de una empresa o servicio.
d) Ninguna de las respuestas anteriores es correcta.

50. ¿Qué es una central telefónica?

a) Corresponde al elemento central ubicado en la sede del operador telefónico y que es donde se conectan las líneas de todos sus abonados.
b) Es parecido a una central nuclear pero dedicada fabricar teléfonos.
c) Elemento que permite conmutar o dirigir las llamadas telefónicas en el ámbito local de un abonado o entre distintas extensiones de éste.
d) Ninguna de las respuestas anteriores es correcta.

51. ¿Qué es una centralita telefónica?

a) Corresponde al elemento central ubicado en la sede del operador telefónico y que es donde se conectan las líneas de todos sus abonados.
b) Es parecido a una central nuclear pero dedicada fabricar teléfonos.
c) Elemento que permite conmutar o dirigir las llamadas telefónicas en el ámbito local de un abonado o entre distintas extensiones de éste.
d) Ninguna de las respuestas anteriores es correcta.

52. Desde toda centralita telefónica se deben poder dirigir las llamadas entrantes, hacia los distintos terminales telefónicos finales cuya única misión es servir de instrumentos de comunicación y no de gestores de líneas:

a) Falso.
b) Verdadero y a estos terminales finales se les llama "extensiones".

c) Depende del edificio.
d) Ninguna de las respuestas anteriores es correcta.

53. La restricción de llamadas consiste en:

a) Restringir sobre el total de las extensiones o sobre algunas de ellas, bien evitando que puedan recibir llamadas o realizarlas a números previamente grabados.
b) Restringir sobre el total de los terminales o sobre algunos de ellos.
c) Restringir sobre el total de plantas del edificio para evitar que puedan recibir llamadas o realizarlas desde cualquier planta.
d) Ninguna de las respuestas anteriores es correcta.

54. El marcado por la voz no requiere de un reconocimiento previo de la voz y entonación normal del operador habitual:

a) Verdadero.
b) Depende si la voz es muy grave.
c) Falso.
d) Ninguna de las respuestas anteriores es correcta.

55. Con el desvío de llamada hacia un teléfono determinado no es necesario ser grabado dicho número de teléfono con anterioridad, debido a que el ordenador de la centralita lo averigua rápidamente:

a) Verdadero.
b) Depende si es una extensión de la misma centralita o un número exterior.
c) Falso.
d) Ninguna de las respuestas anteriores es correcta.

56. En el supuesto de que desee mantener una conversación simultánea con dos interlocutores al mismo tiempo desde una centralita, deberá disponer de la denominada:

a) Llamada a tres.
b) Hiperconferencia.
c) Superconferencia.
d) Multiconferencia.

57. La medida 420 x 297 mm corresponde a un:

a) A3.
b) A4.
c) B5.
d) B1.

58. La resma es:

a) Un tipo de papel.
b) Una medida tradicional para contar hojas de papel.
c) Un formato de papel.
d) El papel sobrante después del guillotinado.

59. En cuanto a los formatos de papel, ¿qué serie fue establecida principalmente para formatos de sobres?

a) A.
b) B.
c) C.
d) D.

60. ¿Qué formato de papel de la serie A se suele usar para dibujos técnicos, planos o pósteres?

a) A0.
b) A1.
c) A2.
d) A3.

Solución al test n.º 3

1. a) Un teléfono.

2. a) Para controlar el número de copias realizadas por cada usuario con tarjeta.

3. d) Se utiliza para dejar la máquina con las funciones configuradas por defecto.

4. d) Las respuestas a y b son correctas.

5. b) Escaneo.

6. a) Reduce cuatro originales para que entren en ambas caras de una sola hoja de copia.

7. a) Contar con un aparato desde donde queremos transmitir el documento y otro allí donde deseamos que se reciba el mismo.

8. c) Puede ser en líquido o en polvo.

9. c) Pisón.

10. b) Para depositar el original a reproducir.

11. d) Podemos transmitir un documento de papel, ya sea sólo texto o imágenes.

12. b) Cerrada.

13. a) Mediante las guías de papel.

14. a) La tecla de interrupción.

15. a) Es una máquina que se utiliza para cortar pilas de papel de hasta 500 folios de una vez.

16. d) Cizalla de rodillo.

17. d) 2 rodillos.

18. c) La gestión de llamadas entrantes y salientes de una empresa o servicio.

19. d) Se encuentra ubicado en la sede central del operador telefónico.

20. a) La conmutación y direccionamiento de las llamadas.

21. c) Líneas analógicas.

22. a) Datos en formato digital.

23. d) Ninguna de las anteriores.

24. b) Adecuar las entradas y salidas de la centralita a otros sistemas de comunicaciones.

25. c) Extensiones.

26. d) Multinúmero automático.

27. b) Intentar mantener alguna libre.

28. c) Cuando la línea está ocupada o no atendida.

29. b) Llamada en espera.

30. b) Siempre que se desee.

31. c) Conferencia a tres.

32. d) Conferencia o llamada a tres.

33. d) Control del consumo.

34. d) El número llamado, el número que llama y duración de la llamada.

35. a) Restricción de llamadas.

36. b) Que la voz sea reconocida previamente por la centralita.

37. b) Es poco frecuente.

38. c) Sí.

39. c) La compañía telefónica proporciona las funciones de conmutación.

40. b) No.

41. c) Llamada local.

42. a) Control del encaminamiento de las señales de transmisión que se reciben y envían de una operadora.

43. a) La de ampliarse con más placas y crecer al mismo tiempo que las necesidades del usuario.

44. b) Sí.

45. c) Multi-pbx.

46. b) Gestionar un gran número de llamadas entrantes.

47. d) Interconectar centralitas ubicadas en distintas zonas geográficas.

48. a) Verdadero.

49. c) Al dispositivo utilizado para la gestión de las llamadas, tanto entrantes como salientes, de una empresa o servicio.

50. a) Corresponde al elemento central ubicado en la sede del operador telefónico y que es donde se conectan las líneas de todos sus abonados.

51. c) Elemento que permite conmutar o dirigir las llamadas telefónicas en el ámbito local de un abonado o entre distintas extensiones de éste.

52. b) Verdadero y a estos terminales finales se les llama "extensiones".

53. a) Restringir sobre el total de las extensiones o sobre algunas de ellas, bien evitando que puedan recibir llamadas o realizarlas a números previamente grabados.

54. c) Falso.

55. c) Falso.

56. a) Llamada a tres.

57. a) A3.

58. b) Una medida tradicional para contar hojas de papel.

59. c) C.

60. a) A0.

TEST N.º 4

Consejerías que conforman la Administración de la Comunidad Autónoma de Extremadura: Estructura y organización. Edificios autonómicos: Localización de las sedes de los órganos principales y de las entidades adscritas o dependientes de las Consejerías

1. Señala cuál de las siguientes no es una Consejería de la Comunidad Autónoma de Extremadura:

a) Consejería de Economía, Empleo y Transformación Digital.
b) Consejería de Agricultura, Ganadería y Desarrollo Sostenible.
c) Consejería de Igualdad y Portavocía.
d) Consejería de Hacienda y Administración Pública.

2. ¿Cuál de las siguientes no es un órgano directivo de la Consejería de Presidencia, Interior y Diálogo Social?

a) La Dirección General de Acción Exterior.
b) La Dirección General de Administración Local.
c) La Delegación de Extremadura en Bruselas.
d) La Dirección General de Relaciones con la Administración institucional.

3. ¿A qué Consejería pertenece el Instituto de Consumo de Extremadura?

a) A la Consejería de Salud y Servicios Sociales.
b) A la Consejería de Economía, Empleo y Transformación Digital.
c) A la Consejería de Hacienda y Administración Pública.
d) A la Consejería de Economía, Ciencia y Agenda Digital.

4. Señala cuál de las siguientes no es una Dirección General de la Consejería de Agricultura, Ganadería y Desarrollo Sostenible:

a) La Dirección General de Agricultura y Ganadería.
b) La Dirección General de Política Agraria Comunitaria.

c) La Dirección General de Política Forestal.
d) La Dirección General de Industria, Energía y Minas.

5. La Dirección General de Digitalización Regional, ¿de qué Consejería depende?

a) De la Consejería de Economía, Empleo y Transformación Digital.
b) De la Consejería de Hacienda y Administración Pública.
c) De la Consejería para la Transición Ecológica y Sostenibilidad.
d) De la Consejería de Presidencia, Interior y Diálogo Social.

6. ¿Dónde tiene su sede la Dirección General de Urbanismo, Ordenación del Territorio y Agenda Urbana?

a) En Calle Cárdenas n.º 11 - 06800 Mérida (Badajoz).
b) En Calle San Salvador n.º 9 - 06800 Mérida (Badajoz).
c) En Edificio de Servicios Administrativos "La Paz"- Avda. de las Comunidades, s/n – 2.ª Planta, 06800 Mérida, Badajoz.
d) En PASEO DE ROMA, S/N. MÓDULO E, 2.ª PLANTA, 06800 Mérida.

7. Señala cuál de las siguientes no es una Consejería de la Comunidad Autónoma de Extremadura:

a) Consejería de Agricultura, Desarrollo Rural, Población y Territorio.
b) La Consejería de Gestión Forestal y Mundo Rural.
c) La Consejería de Infraestructuras, Transporte y Vivienda.
d) La Consejería de Educación, Ciencia y Formación Profesional.

8. ¿Dónde tiene su sede el Instituto de la Mujer de Extremadura?

a) En Calle San Salvador n.º 9 - 06800 Mérida (Badajoz).
b) En Paseo de Roma s/n, Módulo E, 1.ª Planta, 06800, Mérida.
c) En Calle Cárdenas n.º 11 - 06800 Mérida (Badajoz).
d) En Avda. Valhondo, s/n. III Milenio, Módulo 4-2.ª Planta, 06800 Mérida, Badajoz.

9. ¿De qué Consejería depende el Consejo de la Juventud?

a) De la Consejería de Sanidad y Servicios Sociales.
b) De la Consejería de Educación y Empleo.
c) De la Consejería de Cultura, Turismo, Jóvenes y Deportes.
d) De la Consejería de Igualdad y Cooperación para el Desarrollo.

10. Señala cuál de las siguientes no es una Dirección General de la Consejería de Cultura, Turismo, Jóvenes y Deportes:

a) La Dirección General de Deportes.
b) La Dirección General de Bibliotecas, Archivos y Patrimonio Cultural.

c) La Dirección General de Turismo.
d) La Dirección General de Jóvenes y Deportes.

11. ¿Dónde tiene su sede el Instituto de la Juventud de Extremadura?

a) En Paseo de Roma, S/N, 06800 Mérida, Badajoz.
b) En Avda. de las Américas, 2, 06800 Mérida, Badajoz.
c) En C/ Antonio Rodríguez Moñino, 2, 06800 Mérida, Badajoz.
d) En C/ San Salvador, 9, 06800 Mérida, Badajoz.

12. ¿Dónde tiene su sede la Consejería de Presidencia, Interior y Diálogo Social?

a) En C/ San Salvador, 9, 06800 Mérida, Badajoz.
b) En Plaza del Rastro, S/N, 06800 Mérida, Badajoz.
c) En Avda. Valhondo, s/n. III Milenio, 06800 Mérida, Badajoz.
d) En Avda. de las Américas, 2, 06800 Mérida, Badajoz.

13. ¿Dónde tiene su sede la Consejería de Hacienda y Administración Pública?

a) En Calle Cárdenas n.º 11 - 06800 Mérida (Badajoz).
b) En C/ San Salvador, 9, 06800 Mérida, Badajoz.
c) En Avda. Valhondo, s/n. III Milenio, 06800 Mérida, Badajoz.
d) En Paseo de Roma, S/N, 06800 Mérida, Badajoz.

14. ¿Dónde tiene su sede el Instituto de Consumo de Extremadura?

a) En Calle San Salvador n.º 9 - 06800 Mérida (Badajoz).
b) En Paseo de Roma s/n, Módulo E, 1.ª Planta, 06800, Mérida.
c) En Calle Cárdenas n.º 11 - 06800 Mérida (Badajoz).
d) En Avda. Valhondo, s/n. III Milenio, Módulo 4-2.ª Planta, 06800 Mérida, Badajoz.

15. ¿Dónde tiene su sede la Sociedad de Gestión Pública Extremadura (GPEX)?

a) En Avda. Valhondo, s/n. III Milenio, 06800 Mérida, Badajoz.
b) En Avda. de Europa, 4, 06004, Badajoz.
c) En Benito Arias Montano, 06800, Mérida, Badajoz.
d) En Ronda del Pilar, 23, 06002, Badajoz.

16. Señala cuál de los siguientes no es un órgano de la Consejería de Educación, Ciencia y Formación Profesional:

a) La Dirección General de Personal Docente.
b) La Secretaría General de Educación y Formación Profesional.
c) La Dirección General de Formación Profesional para el empleo.
d) La Dirección General de Universidad.

17. Señala cuál de los siguientes no es un órgano de la Consejería de Infraestructuras, Transporte y Vivienda:

a) La Dirección General de Infraestructuras Viarias.
b) La Dirección General de Planificación e Infraestructuras Hidráulicas.
c) La Dirección General de Movilidad y Transportes.
d) La Dirección General de Urbanismo, Ordenación del Territorio y Agenda Urbana.

18. ¿Dónde tiene su sede la Consejería de Salud y Servicios Sociales?

a) En Avda. de las Américas, 2, 06800 Mérida, Badajoz.
b) En Calle Cárdenas n.º 11 - 06800 Mérida (Badajoz).
c) En Plaza del Rastro, S/N, 06800 Mérida, Badajoz.
d) En C/ Antonio Rodríguez Moñino, 2, 06800 Mérida, Badajoz.

19. ¿Dónde tiene su sede la Consejería de Cultura, Turismo, Jóvenes y Deportes?

a) En Avenida Valhondo, s/n, Edificio Mérida III Milenio, Módulo 6, 4ª Planta, 06800 Mérida, Badajoz.
b) En Avda. de las Américas, 2, 06800 Mérida, Badajoz.
c) En Paseo de Roma, s/n, 06800 Mérida, Badajoz.
d) En Plaza del Rastro, S/N, 06800 Mérida, Badajoz.

20. ¿Dónde tiene su sede el Servicio Extremeño de Salud?

a) En Avenida de las Américas, 2, 06800 Mérida, Badajoz.
b) En C/ Reyes Huertas, 5 - Bajo, 06800, Mérida, Badajoz.
c) En Calle Cárdenas n.º 11 - 06800 Mérida, Badajoz.
d) En Plaza del Rastro, S/N, 06800 Mérida, Badajoz.

Solución al test n.º 4

1. c) Consejería de Igualdad y Portavocía.

2. d) La Dirección General de Relaciones con la Administración institucional.

3. a) A la Consejería de Salud y Servicios Sociales.

4. c) La Dirección General de Política Forestal.

5. a) De la Consejería de Economía, Empleo y Transformación Digital.

6. c) En Edificio de Servicios Administrativos "La Paz"- Avda. de las Comunidades, s/n – 2.ª Planta, 06800 Mérida, Badajoz.

7. a) Consejería de Agricultura, Desarrollo Rural, Población y Territorio.

8. a) En Calle San Salvador n.º 9 - 06800 Mérida (Badajoz).

9. c) De la Consejería de Cultura, Turismo, Jóvenes y Deportes.

10. a) La Dirección General de Deportes.

11. a) En Paseo de Roma, S/N, 06800 Mérida, Badajoz.

12. b) En Plaza del Rastro, S/N, 06800 Mérida, Badajoz.

13. d) En Paseo de Roma, S/N, 06800 Mérida, Badajoz.

14. a) En Calle San Salvador n.º 9 - 06800 Mérida (Badajoz).

15. c) En Benito Arias Montano, 06800, Mérida, Badajoz.

16. c) La Dirección General de Formación Profesional para el empleo.

17. b) La Dirección General de Planificación e Infraestructuras Hidráulicas.

18. a) En Avda. de las Américas, 2, 06800 Mérida, Badajoz.

19. a) En Avenida Valhondo, s/n, Edificio Mérida III Milenio, Módulo 6, 4ª Planta, 06800 Mérida, Badajoz.

20. a) En Avenida de las Américas, 2, 06800 Mérida, Badajoz.

TEST N.º 5

La información al público de forma directa y/o telefónica en relación con los servicios de la Junta de Extremadura

1. Es información de carácter particular:

a) La relativa a la identificación, fines, competencias, estructura, funcionamiento y localización de organismos y unidades administrativas.

b) La referida a los requisitos jurídicos o técnicos que las disposiciones impongan a los proyectos, actuaciones o solicitudes que los ciudadanos se propongan realizar.

c) La referente a la tramitación de procedimientos, a los servicios públicos y prestaciones.

d) La concerniente a la identificación de las autoridades y personal al servicio de la Administración Autonómica de Extremadura y de las entidades de derecho público vinculadas o dependientes de la misma bajo cuya responsabilidad se tramiten los expedientes.

2. En relación con la información administrativa de carácter general de la Administración de la Comunidad Autónoma de Extremadura, es cierto que:

a) Deberá solicitarse por escrito.

b) Solo podrá ser facilitada a las personas que tengan la condición de interesados en cada procedimiento o a sus representantes legales.

c) Cuando resulte conveniente una mayor difusión, podrá ofrecerse a los grupos sociales o instituciones que estén interesados en su conocimiento, autorizándose, en su caso, la redifusión de esta información.

d) Deberá referirse a la identificación, fines, competencias, estructura, funcionamiento y localización de organismos y unidades administrativas.

3. En relación con la información administrativa de carácter particular, es cierto que:

a) Quedará vinculada al procedimiento al que se refiera.

b) Podrá ser invocada a efectos de interrupción o paralización de plazos, caducidad o prescripción.

c) Servirá de instrumento de notificación en el expediente a que haga referencia.

d) Será aportada a las unidades de información administrativa por los funcionarios de la Junta de Extremadura que gestionen el expediente concreto sobre el que haya de versar la información.

4. Con la finalidad de ofrecer las aclaraciones y ayudas de índole práctica que los ciudadanos requieren sobre procedimientos, trámites, requisitos y documentación para los proyectos, actuaciones o solicitudes que se propongan realizar, o para acceder al disfrute de un servicio público o beneficiarse de una prestación, la atención personalizada prestada por la Administración de la Comunidad Autónoma de Extremadura al ciudadano, comprende la función de:

a) Recepción a los ciudadanos.
b) Orientación e información.
c) Recepción de las sugerencias formuladas por los ciudadanos, o por los propios empleados públicos.
d) Recepción de las quejas de los ciudadanos.

5. En qué fase del Plan de Transformación de las oficinas de atención, información y registro se contempló la transformación de las oficinas de atención, información y registro situadas en municipios de tamaño intermedio:

a) En la primera fase.
b) En la segunda fase.
c) En la tercera fase.
d) En la cuarta fase.

6. Según el artículo 84 de la Ley 1/2002, de 28 de febrero, del Gobierno y de la Administración de la Comunidad Autónoma de Extremadura (en redacción dada por el Decreto-ley 12/2020, de 19 de junio, de medidas extraordinarias y urgentes para la reactivación de la actividad económica y social en la Comunidad Autónoma de Extremadura en el proceso hacia la "Nueva Normalidad"), la Administración de la Comunidad Autónoma deberá organizar un sistema de información .... que permita a la ciudadanía el conocimiento efectivo de sus competencias, funciones y organización, servicios, prestaciones y procedimientos administrativos y ejercicio de sus derechos y cumplimiento de sus obligaciones. ¿Qué palabra falta en la frase?

a) Transversal.
b) Vertical.
c) Integral.
d) Horizontal.

7. A partir del Decreto-ley 12/2020, de 19 de junio, de medidas extraordinarias y urgentes para la reactivación de la actividad económica y social en la Comunidad Autónoma de Extremadura *en el proceso hacia la "Nueva Normalidad"*, las oficinas de la Administración Autonómica en que se prestan servicios de información y/o registro pasan a denominarse:

a) Oficinas de Asistencia a la Ciudadanía.
b) Oficinas de Información y Registro.

c) Oficinas de Atención Ciudadana.
d) Oficinas Generales de Documentación.

8. El conjunto de requisitos, características o estándares que, como mínimo, debe cumplir un servicio público para adecuarse a las demandas sociales de los ciudadanos, hacer efectivo el ejercicio de sus derechos, el cumplimiento de sus obligaciones y el acceso a las prestaciones públicas, se denomina:

a) Carta de servicios.
b) Índice de satisfacción.
c) Calidad.
d) Transparencia.

9. Según el documento "Diseño del nuevo modelo del servicio público de información administrativa y atención al ciudadano", en qué área el empleado público dedicado a una atención de carácter especializada (técnico ORP o Especialista en la Unidad Administrativa), debe estar formado en la materia y tener acceso sobre las principales herramientas que soporten el Sistema:

a) Recepción.
b) Atención primer nivel.
c) Registro.
d) Asesoramiento.

10. Siguiendo la Ley 8/2019 de 5 de abril, para una Administración más ágil en la Comunidad Autónoma de Extremadura, ¿qué canal de relación con la ciudadanía se ofrecerá mediante las oficinas de atención ciudadana, registro y de unidades especializadas?

a) Canal digital.
b) Canal presencial.
c) Canal telefónico.
d) Canal institucional.

11. Cómo denomina el artículo 84 bis de la Ley 1/2002 a las oficinas que prestan a la ciudadanía los servicios de información sobre un ámbito de actividad concreto relacionado con las funciones administrativas de la Consejería o entidad del sector público de la que dependen orgánicamente:

a) Oficinas departamentales.
b) Oficinas de asistencia general.
c) Oficinas de asistencia especializada.
d) Oficinas de asistencia virtual.

12. Según el Decreto-ley 12/2020, de 19 de junio, de medidas extraordinarias y urgentes para la reactivación de la actividad económica y social en la Comunidad Autónoma de Extremadura en el proceso hacia la "Nueva Normalidad", el nuevo sistema de información en la Administración de la Comunidad Autónoma estará compuesto por las oficinas de asistencia a la ciudadanía, el sitio web corporativo y los sectoriales que se establezcan, las redes sociales y:

a) El teléfono centralizado.
b) Los Centros de Atención Administrativa.
c) El correo electrónico.
d) Las Unidades Departamentales de Información Administrativa.

13. El documento "Diseño del nuevo modelo del servicio público de información administrativa y atención al ciudadano" propone asignar a aquellos usuarios que tengan que añadir/modificar/eliminar contenidos del Portal Ciudadano según se establezca por parte de la Junta de Extremadura, el siguiente perfil:

a) Perfil de coordinador.
b) Perfil de administrador.
c) Perfil de superusuario.
d) Perfil de gestor.

14. A partir del Decreto 7/2023, de 1 de febrero, por el que se regula la puesta en marcha del Punto Único de Acceso a la información por diferentes canales de la Administración de la Comunidad Autónoma de Extremadura y organismos públicos, ¿con qué denominación se identificará al Punto Único de Acceso a la información por diferentes canales al que se refiere el artículo 42.3 de la Ley de racionalización y simplificación administrativa?

a) Miespacio.
b) Micarpeta.
c) Tuatención.
d) Tucanal.

15. Según el Decreto 7/2023, el nivel 2 de atención a la ciudadanía del Punto Único de acceso a la información se identifica con:

a) Todos los órganos, servicios, unidades o áreas administrativas que generan contenidos de interés público y se pongan a disposición de la ciudadanía.
b) Los servicios soportados por la oficina virtual.
c) Los administradores sectoriales de todos los servicios, unidades o áreas administrativas de las entidades integradas en el Punto Único de acceso a la información.
d) Los servicios que soportan las oficinas de asistencia a la ciudadanía, generales y especializadas.

16. Las Oficinas de Asistencia a la Ciudadanía se clasifican por el alcance de sus servicios en:

a) Oficinas de Asistencia Integral y Personalizada.
b) Oficinas de Orientación e Información.
c) Oficinas de Quejas y Sugerencias.
d) Oficinas de Asistencia General y Asistencia Especializada.

17. Los canales de asesoramiento que ofrecen las Oficinas de Asistencia a la Ciudadanía son:

a) Presencial, telefónico y a través de Internet.
b) Telefónico, de respuesta personalizada y a través de internet.
c) Particular, telefónico y a través de internet.
d) Escrito, telemático y telefónico.

18. La Comisión Interdepartamental de Información Administrativa se reunirá con carácter ordinario:

a) Mensualmente.
b) Bimestralmente.
c) Trimestralmente.
d) Semestralmente.

19. ¿En qué plazo se facilitará la información general solicitada por los ciudadanos?

a) En el mismo momento o como máximo al siguiente día hábil.
b) En el plazo de 24 horas.
c) Si es posible, en el mismo momento o en los siguientes tres días hábiles.
d) No hay un plazo estipulado.

20. ¿En cuál de estos municipios hay una Oficina de asistencia general de la Administración de la Comunidad Autónoma de Extremadura?

a) Plasencia.
b) Almendralejo.
c) Trujillo.
d) Don Benito.

21. ¿Qué número corresponde al Canal Telefónico del Punto Único de Acceso a la Información?

a) 900 100 123.
b) 900 222 012.
c) 800 456 789.
d) 900 555 678.

22. ¿Cuál de los siguientes canales NO forma parte del Punto Único de Acceso a la Información?

a) Canal Digital.
b) Canal Telefónico.
c) Canal Presencial.
d) Canal Postal.

23. ¿Cuál es la parte del sistema de información horizontal a que se refiere el artículo 84 de la Ley 1/2002, de 28 de febrero, del Gobierno y de la Administración de la Comunidad Autónoma de Extremadura, por la que se garantiza la unidad de información y trazabilidad de las interacciones entre los distintos Niveles para prestar la cartera de servicios de relaciones con la ciudadanía?

a) El Inventario de Información Administrativa.
b) El Punto de Acceso General electrónico.
c) El Escritorio del Informador.
d) La aplicación Miespacio.

24. Según el artículo 3 del Decreto 7/2023, de 1 de febrero, por el que se regula la puesta en marcha del Punto Único de Acceso a la Información por diferentes canales de la Administración de la Comunidad Autónoma de Extremadura y Organismos Autónomos, ¿qué nivel de organización se identifica con todos los órganos, servicios, unidades o áreas administrativas que generan contenidos de interés público y se pongan a disposición de la ciudadanía?

a) Nivel 1.
b) Nivel 2.
c) Nivel 3.
d) Nivel 4.

25. ¿Qué servicio está incluido en el Canal Digital del Punto Único de Acceso a la Información?

a) El teléfono móvil de atención personalizada.
b) El correo electrónico tuatención@juntaex.es.
c) La línea directa de emergencias.
d) La oficina de atención al ciudadano.

Solución al test n.º 5

1. d) La concerniente a la identificación de las autoridades y personal al servicio de la Administración Autonómica de Extremadura y de las entidades de derecho público vinculadas o dependientes de la misma bajo cuya responsabilidad se tramiten los expedientes.

2. c) Cuando resulte conveniente una mayor difusión, podrá ofrecerse a los grupos sociales o instituciones que estén interesados en su conocimiento, autorizándose, en su caso, la redifusión de esta información.

3. d) Será aportada a las unidades de información administrativa por los funcionarios de la Junta de Extremadura que gestionen el expediente concreto sobre el que haya de versar la información.

4. b) Orientación e información.

5. b) En la segunda fase.

6. d) Horizontal.

7. a) Oficinas de Asistencia a la Ciudadanía.

8. c) Calidad.

9. d) Asesoramiento.

10. b) Canal presencial.

11. c) Oficinas de asistencia especializada.

12. a) El teléfono centralizado.

13. d) Perfil de gestor.

14. c) Tuatención.

15. a) Todos los órganos, servicios, unidades o áreas administrativas que generan contenidos de interés público y se pongan a disposición de la ciudadanía.

16. d) Oficinas de Asistencia General y Asistencia Especializada.

17. a) Presencial, telefónico y a través de Internet.

18. d) Semestralmente.

19. c) Si es posible, en el mismo momento o en los siguientes tres días hábiles.

20. a) Plasencia.

21. b) 900 222 012.

22. d) Canal Postal.

23. c) El Escritorio del Informador.

24. b) Nivel 2.

25. b) El correo electrónico tuatención@juntaex.es.

TEST N.º 6

Atención al público. Derechos de los administrados. Relaciones con los usuarios y visitantes de centros públicos

1. ¿Cuál de las siguientes afirmaciones describe correctamente el proceso de comunicación?

a) La comunicación es únicamente la transmisión de información sin necesidad de respuesta del receptor.
b) La comunicación se basa en un código compartido entre el emisor y el receptor para que el mensaje sea comprendido.
c) El canal de comunicación siempre debe ser verbal para que el mensaje sea efectivo.
d) La retroalimentación no es necesaria para validar la comprensión del mensaje.

2. ¿Cuál de las siguientes características corresponde a la comunicación verbal oral?

a) Permite registrar el mensaje para evitar tergiversaciones.
b) Carece de retroalimentación inmediata.
c) Facilita un contacto más personal y directo.
d) Es más lenta y rígida que otros tipos de comunicación.

3. ¿Qué caracteriza a la comunicación informal en una empresa?

a) Surge de manera espontánea y flexible entre los empleados.
b) Se utiliza exclusivamente para transmitir órdenes y políticas de la empresa.
c) Sigue un sistema formal establecido y respeta los niveles jerárquicos.
d) Solo aborda temas relacionados con el trabajo, excluyendo otros intereses.

4. ¿Cuál es el propósito principal de la comunicación persuasiva?

a) Motivar al receptor a actuar de una manera específica.
b) Influir en las ideas del receptor únicamente a través de la lógica.
c) Transmitir datos y conocimientos de forma clara y objetiva.
d) Captar la atención del receptor y generar placer o diversión.

5. ¿Cuál de las siguientes es una barrera de la comunicación que está relacionada con diferencias en valores, creencias o normas sociales?

a) Barreras físicas.
b) Barreras psicológicas.
c) Barreras culturales.
d) Barreras tecnológicas.

6. ¿Cuál de las siguientes técnicas contribuye a verificar que el receptor ha entendido correctamente el mensaje?

a) Escucha activa.
b) Claridad y precisión.
c) Uso de términos técnicos.
d) Retroalimentación.

7. ¿Cuál de los siguientes estilos de comunicación se caracteriza por la imposición de opiniones sin tener en cuenta los sentimientos de los demás?

a) Estilo de comunicación pasiva.
b) Estilo de comunicación agresiva.
c) Estilo de comunicación pasivo-agresiva.
d) Estilo de comunicación asertiva.

8. ¿Qué se recomienda para desarrollar una comunicación asertiva exitosa?

a) Hablar de manera tajante para ser escuchado.
b) Evitar escuchar al interlocutor para centrarse solo en las ideas propias.
c) No dar retroalimentación para evitar conflictos.
d) Escuchar activamente y practicar la empatía.

9. ¿Cuál es la función del lenguaje que se utiliza para transmitir información objetiva sobre el mundo?

a) Función Metalingüística.
b) Función Emotiva.
c) Función Referencial.
d) Función Fática.

10. ¿Cuál es uno de los beneficios de utilizar redundancia en la comunicación?

a) Exige mayor atención en el receptor.
b) Hace que el mensaje sea innecesariamente largo.
c) Limita la comprensión del mensaje.
d) Asegura la comprensión, especialmente en situaciones con ruido.

11. ¿Cuál de las siguientes estrategias ayuda a evitar malentendidos al asegurar que el mensaje ha sido comprendido correctamente?

a) Usar un lenguaje claro y sencillo.
b) Controlar las emociones.
c) Ser específico.
d) Clarificar y confirmar mensajes.

12. ¿Cuál de las siguientes estrategias es útil para evitar que las emociones negativas interfieran en la comunicación?

a) Evitar la información ambigua.
b) Dar y solicitar retroalimentación.
c) Fomentar la comunicación bidireccional.
d) Controlar las emociones.

13. El ciudadano, de cara a la Administración es, ante todo:

a) Un «administrado».
b) Un pagador de impuestos.
c) Un ciudadano que necesita de información.
d) Una persona.

14. Una explicación es una descripción de cómo, cuándo o por qué ocurre algo. En la explicación (señala la respuesta incorrecta):

a) Nos aseguraremos de dar la información correcta.
b) Evitaremos tecnicismos, utilizando un lenguaje simple y coloquial.
c) Interpretaremos lo que el ciudadano cliente quiere decir para asegurarnos la razón de su demanda.
d) No asumiremos que el cliente sabe de temas de la Administración.

15. En una negociación formal hay cinco etapas. Señala aquella que no corresponda:

a) Persuasión.
b) Preparación.
c) Oferta.
d) Desacuerdo.

16. ¿Cuál de los siguientes factores es importante para una correcta acogida del ciudadano en el primer contacto con el informador?

a) La rapidez en la atención, sin necesidad de saludar.
b) El uso exclusivo del contacto telefónico para evitar malentendidos.
c) La mirada, el tratamiento adecuado y el planteamiento de la interacción.
d) La falta de contacto visual y evitar sonreír para no dar una falsa impresión.

17. El Modelo Europeo de Gestión de Calidad como referencia para la auto evaluación de las unidades administrativas se llama:

a) El Esquema SINOC-DAIME y la Norma ISO 9001.
b) El modelo EFQM.
c) la Norma ISO 4001 vigente.
d) La Certificación de la Joint Commission International.

18. Los derechos que han de marcar la relación de las Administraciones Públicas y sus empleados con los ciudadanos se contemplan en:

a) El Decreto 136/1971, de 12 de junio.
b) El Decreto 35/1971, de 18 de enero.
c) La Ley 19/2013, de 9 de diciembre.
d) La Ley 39/2015, de 1 de octubre.

19. ¿Qué aspecto es fundamental en el protocolo de acogida?

a) Saludar al ciudadano con complicidad para iniciar la interacción.
b) Evitar el contacto visual con el interlocutor para generar confianza.
c) Utilizar siempre un lenguaje informal con el ciudadano.
d) Dejar que el ciudadano inicie la interacción sin intervenir.

20. ¿Qué elemento de la comunicación permite interpretar correctamente el mensaje transmitido?

a) El significado.
b) El signo.
c) El código.
d) El símbolo.

21. Por su contenido, la información administrativa podrá ser:

a) Particular o general.
b) Abierta o restringida.
c) Individual o colectiva.
d) Común o propia.

22. La información general es aquella que se refiere a los siguientes aspectos excepto uno. Señala cuál:

a) La relativa a la identificación, fines, competencia, estructura, funcionamiento y localización de organismos y unidades administrativas.
b) La concerniente al estado o contenido de los procedimientos en tramitación, y a la identificación de las autoridades y personal al servicio de la Administración General del Estado y de las entidades de derecho público vinculadas o dependientes de la misma bajo cuya responsabilidad se tramiten aquellos procedimientos.

c) La referida a los requisitos jurídicos o técnicos que las disposiciones impongan a los proyectos, actuaciones o solicitudes que los ciudadanos se propongan realizar.

d) La referente a la tramitación de procedimientos, a los servicios públicos y prestaciones, así como a cualesquiera otros datos que aquellos tengan necesidad de conocer en sus relaciones con las Administraciones Públicas, en su conjunto, o con alguno de sus ámbitos de actuación.

23. Los comentarios, chismes y rumores son ejemplos de comunicación:

a) Formal.
b) Descendente.
c) Horizontal.
d) Informal.

24. Aquella comunicación que espera una acción sin imponerla obligatoriamente, se dice que es una comunicación:

a) Exhortativa.
b) Imperativa.
c) Genérica.
d) Informativa.

25. ¿En cuál de las siguientes funciones del lenguaje, según el lingüista Jakobson, la intención comunicativa es influir sobre la conducta del receptor para que, por ejemplo, cambie de actitud o se interese por algo?

a) Representativa.
b) Apelativa o conativa.
c) Expresiva o emotiva.
d) Fática o de contacto.

26. En el Libro de Quejas y Sugerencias de la Junta de Extremadura, la hoja original es:

a) Para el interesado.
b) La oficina receptora.
c) El órgano gestor.
d) La Dirección General de Coordinación e Inspección.

27. Los libros de quejas y sugerencias estarán numerados previamente, así como las hojas correspondientes a cada libro, que contendrá un total de:

a) 30 juegos.
b) 50 juegos.
c) 75 juegos.
d) 100 juegos.

28. ¿Qué se entiende por asertividad?

a La acción humana mediante la que se impone un dogma de conocimiento.

b) Una creencia de la población basada en la costumbre.

c) La característica de la persona que dice lo que piensa y mantiene sus principios sin necesidad de atacar a la otra persona o parte.

d) Es una técnica de negociación para la resolución de conflictos entre compañeros de trabajo.

29. ¿Qué es la empatía?

a) La capacidad de comunicar correctamente lo que uno experimenta.

b) La capacidad de escuchar activamente a los demás.

c) La capacidad de expresar emociones con palabras.

d) La capacidad de percibir correctamente lo que experimenta otra persona y comunicar esta percepción en un lenguaje acomodado a los sentimientos de ésta.

30. Entre las ventajas de una adecuada atención al ciudadano se encuentra:

a) Mejorar la imagen que el ciudadano tiene de la Administración.

b) El ascenso de categoría profesional.

c) Un complemento económico.

d) La puntuación adicional para concurso de traslados.

Solución al test n.º 6

1. b) La comunicación se basa en un código compartido entre el emisor y el receptor para que el mensaje sea comprendido.

2. c) Facilita un contacto más personal y directo.

3. a) Surge de manera espontánea y flexible entre los empleados.

4. a) Motivar al receptor a actuar de una manera específica.

5. c) Barreras culturales.

6. d) Retroalimentación.

7. b) Estilo de comunicación agresiva.

8. d) Escuchar activamente y practicar la empatía.

9. c) Función Referencial.

10. d) Asegura la comprensión, especialmente en situaciones con ruido.

11. d) Clarificar y confirmar mensajes.

12. d) Controlar las emociones.

13. d) Una persona.

14. c) Interpretaremos lo que el ciudadano cliente quiere decir para asegurarnos la razón de su demanda.

15. a) Persuasión.

16. c) La mirada, el tratamiento adecuado y el planteamiento de la interacción.

17. b) El modelo EFQM.

18. d) La Ley 39/2015, de 1 de octubre.

19. a) Saludar al ciudadano con complicidad para iniciar la interacción.

20. c) El código.

21. a) Particular o general.

22. b) La concerniente al estado o contenido de los procedimientos en tramitación, y a la identificación de las autoridades y personal al servicio de la Administración General del Estado y de las entidades de derecho público vinculadas o dependientes de la misma bajo cuya responsabilidad se tramiten aquellos procedimientos.

23. d) Informal.

24. a) Exhortativa.

25. b) Apelativa o conativa.

26. b) Apelativa o conativa.

27. b) 50 juegos.

28. c) La característica de la persona que dice lo que piensa y mantiene sus principios sin necesidad de atacar a la otra persona o parte.

29. d) La capacidad de percibir correctamente lo que experimenta otra persona y comunicar esta percepción en un lenguaje acomodado a los sentimientos de ésta.

30. a) Mejorar la imagen que el ciudadano tiene de la Administración.

TEST N.º 7

Los documentos en la Administración: Distribución, recogida y reparto. Las notificaciones administrativas. Nociones de almacenaje. Envíos y recibos postales. Traslado de material y mobiliario

1. Los envíos postales con naturaleza de carta, dirigidos a personas fallecidas:

a) Serán destruidos en presencia de notario y del representante legal de los herederos.
b) Serán entregados a sus herederos o a aquellos que tengan la administración de la herencia.
c) Quedarán depositados en la oficina de destino, desde la que, si es posible, se enviará consulta al remitente para que este autorice su entrega a los herederos u opte por su recuperación.
d) Se devolverán con carácter ordinario al remitente.

2. El reparto de los envíos en la dirección postal en ellos consignada, constituye:

a) La entrega.
b) El depósito.
c) La distribución.
d) El curso y transporte.

3. El destinatario o la persona autorizada podrá rehusar una carta en el momento de la entrega:

a) Antes de leerla, una vez abierta.
b) Antes de abrirla.
c) Después de leerla, si el envoltorio lo permite.
d) Las cartas no son rehusables.

4. Los envíos postales dirigidos a comerciantes constituidos en quiebra o personas declaradas en concurso de acreedores, se entregarán a:

a) El abogado del interesado.
b) El administrador concursal.

c) Los proveedores.

d) El administrador original de la sociedad.

5. Una comunicación formal de un acto administrativo, de la que se hace depender la eficacia de aquel, es:

a) Un certificado.

b) Un acuse de recibo.

c) Un telegrama.

d) Una notificación.

6. ¿Cuándo podrá realizarse la entrega de envíos postales en los casilleros domiciliarios instalados al efecto?

a) Solo cuando el destinatario se encuentre ausente y se trate de correspondencia de publicidad directa.

b) Cuando el destinatario lo haya solicitado previamente por escrito.

c) Siempre que se trate de envíos normalizados.

d) Siempre que se trate de envíos de carácter ordinario y sus dimensiones lo permitan.

7. El Decreto 3143/1971, de 16 de diciembre, que aprueba el Reglamento del Cuerpo General Subalterno de la Administración Civil del Estado, recoge las funciones propias del Cuerpo Subalterno, entre las cuales -en relación con los recados y mensajes- se encuentran las siguientes. Señala la respuesta incorrecta:

a) Realizar, dentro de la dependencia, los traslados de material, mobiliario y enseres que fueren necesarios.

b) Realizar los encargos relacionados con el servicio que se les encomiende, únicamente dentro del edificio.

c) Manejar máquinas reproductoras, multicopistas, fotocopiadoras, encuadernadoras y otras análogas, cuando sean autorizados para ello por el Jefe del Centro, oficina o dependencia.

d) Recibir, conservar y distribuir los documentos, objetos y correspondencia que a tales efectos les sean encomendados.

8. De los siguientes, ¿qué tipo de productos no precisan ser registrados?

a) La correspondencia cerrada que solo puede ser abierta por la persona a la que va dirigida.

b) Las comunicaciones dirigidas a un organismo administrativo.

c) Correspondencia certificada.

d) Documentación complementaria a un escrito registrado.

9. ¿Quién puede firmar la recepción de un envío certificado si el destinatario no puede hacerlo?

a) Cualquier persona del vecindario.

b) Un testigo identificado.

c) Un empleado de la oficina postal sin identificación.
d) Un familiar cercano del destinatario.

10. ¿Qué se debe hacer si el destinatario o la persona autorizada no puede firmar la recepción del envío certificado?

a) Dejar el envío en el buzón del destinatario.
b) Dejar constancia en la documentación de que no sabe o no puede firmar.
c) No se podrá entregar el envío bajo ninguna circunstancia.
d) El testigo firmará en lugar del destinatario, pero sin necesidad de identificación.

11. ¿En qué caso se podrá utilizar un apartado postal para recibir los envíos postales?

a) Cuando el destinatario no esté en casa.
b) Cuando el envío sea de carácter urgente.
c) Cuando la dirección del destinatario no sea válida.
d) Cuando el destinatario lo solicite expresamente y se acuerde en las condiciones contractuales.

12. ¿Dónde se entregarán los envíos postales si no pueden ser depositados en los casilleros debido a razones de volumen o naturaleza?

a) En la oficina postal del destinatario.
b) En el apartado postal de la oficina.
c) En el interior de las oficinas o dependencias postales, entregados al titular o persona autorizada.
d) En la casa del destinatario, a su vecino más cercano.

13. El almacenamiento de los productos sueltos, es decir, de aquellos que no están estructurados en forma de unidades de carga, se llama:

a) Almacenamiento en bloque.
b) Almacenamiento a granel.
c) Almacenamiento desordenado.
d) Almacenamiento caótico.

14. ¿Cuál de los siguientes métodos de almacenamiento permite un índice de optimización del espacio empleado del almacén del 100 %?

a) Almacenamiento en bloque mediante estanterías móviles.
b) Almacenamiento con pasillos utilizando carretillas trilaterales.
c) Almacenamiento con pasillos utilizando carretillas elevadoras contrapesadas.
d) Almacenamiento en bloque compacto.

15. La altura máxima de almacenamiento de materiales rígidos lineales es:

a) 3 metros.
b) 6 metros.

c) 10 metros.
d) 12 metros.

16. La altura máxima de carga sobre palet debe ser de:

a) 1,5 metros.
b) 3 metros.
c) 3,5 metros.
d) 6 metros.

17. La carga máxima conjunta recomendada en el almacenamiento mediante paletizado es:

a) 300 kg.
b) 500 kg.
c) 700 kg.
d) 1000 kg.

18. El stock de un almacén es:

a) La cantidad de mercancías que se tienen en depósito.
b) La variedad, o referencias, o artículos que tiene una empresa.
c) La cantidad de bienes adquiridos por la empresa destinados a la venta sin transformación.
d) El sistema de control que la empresa realiza sobre el tráfico de las existencias.

19. Las existencias que se almacenan debido a que no es posible predecir siempre con exactitud el programa de ventas y producción de un producto determinado, constituyen un:

a) Stock de anticipación.
b) Stock por fluctuación.
c) Stock sobrante.
d) Stock por tamaño de lote.

20. ¿Cuál de los siguientes métodos de valoración de existencias se basa en costes históricos?

a) FIFO.
b) LIFO.
c) PMP.
d) NIFO.

21. El documento que expide el comprador cuando solicita productos al proveedor es:

a) El albarán.
b) El pedido.

c) La factura.
d) La nota de abono.

22. El documento que acredita la entrega de un pedido, sin necesidad de indicar la cantidad a pagar como contraprestación, es:

a) El albarán.
b) El pedido.
c) La factura.
d) La nota de abono.

23. ¿Cuál de los siguientes envíos postales se considera también un envío de correspondencia?

a) Libros.
b) Tarjetas postales.
c) Catálogos.
d) Diarios y publicaciones periódicas.

24. Los envíos postales, en tanto no lleguen a poder del destinatario:

a) Son propiedad del servicio postal.
b) Son propiedad del destinatario una vez depositados por el remitente.
c) Son propiedad del remitente.
d) Carecen de propietario.

25. Cualquier servicio consistente en la recogida, la admisión, la clasificación, el transporte, la distribución y la entrega de envíos postales, es:

a) Un servicio postal.
b) Un servicio universal.
c) Un servicio postal universal.
d) Un servicio estándar de correspondencia.

26. Se incluye en el ámbito del servicio postal universal las actividades de recogida, admisión, clasificación, transporte, distribución y entrega de cartas y tarjetas postales que contengan comunicaciones escritas en cualquier tipo de soporte:

a) Sin excepción.
b) De hasta 2 kg de peso.
c) De entre 100 y 1000 gramos.
d) De hasta 10 kg de peso.

27. ¿Quién tiene la condición de operador designado por el Estado para prestar el servicio postal universal?

a) La Sociedad Estatal Correos y Telégrafos, Sociedad Anónima.
b) Cualquier operador postal con base en territorio español que lo solicite.

c) Las reglas de la competencia impiden que el Estado pueda designar un operador.

d) Correos y Telégrafos es el operador prestador del servicio postal universal por derecho propio, no por designación.

28. ¿Qué artículo de la Constitución garantiza el secreto de las comunicaciones y, en especial, de las postales, telegráficas y telefónicas?

a) El artículo 16.
b) El artículo 19.
c) El artículo 14.
d) El artículo 18.

29. Los envíos postales son:

a) Personales.
b) Cerrados.
c) Inviolables.
d) Normalizados.

30. ¿Cuál de estas condiciones no es propia de una carta?

a) Carácter actual.
b) Envío cerrado.
c) Comunicación materializada en forma escrita sobre soporte físico de cualquier naturaleza.
d) Contenido conocido.

31. ¿Cuál de estas condiciones no es propia de una tarjeta postal?

a) Pieza rectangular de cartulina consistente o material similar.
b) Que circule en sobre abierto.
c) Que circule al descubierto.
d) Que contenga un mensaje de carácter actual y personal.

32. Señalar la opción incorrecta:

a) La indicación del término de "*tarjeta postal*" en los envíos individuales no implica esta clasificación postal a menos que tenga carácter actual y personal.

b) Los envíos de recibos, facturas, documentos de negocios, estados financieros y cualesquiera otros mensajes que no sean idénticos, tienen la consideración de cartas.

c) Se entiende por envío postal el envío con destinatario, preparado en la forma definitiva en la que deba ser transportado por el operador del servicio postal universal.

d) No podrán constituir paquetes postales los lotes o agrupaciones de las cartas o cualquier otra clase de correspondencia actual y personal.

33. ¿Cuál de estas características no es propia de los envíos de publicidad directa?

a) Que su distribución se efectúe en sobre cerrado.

b) Que esté formado por cualquier comunicación que consista únicamente en anuncios, o material publicitario o de marketing.

c) Que en su cubierta figure la expresión "*P. D.*" a efectos de facilitar la identificación de estos envíos.

d) Que se remita a una pluralidad de destinatarios.

34. Señala la opción correcta:

a) Para que un envío pueda considerarse catálogo ha de remitirse a más de 200 destinatarios.

b) El material fonográfico y videográfico tendrá el mismo tratamiento que los libros.

c) La distribución de catálogos se hará en sobre cerrado a diferencia de los envíos de publicidad directa.

d) Para que un envío se considere "*libro*" ha de tratarse de publicaciones encuadernadas.

35. Señala la opción incorrecta. Según el Título II de la Ley 43/2010, de 30 de diciembre, del servicio postal universal, son derechos de los usuarios y del mercado postal los siguientes:

a) Secreto de las comunidades postales.

b) Protección de datos.

c) Detención arbitraria.

d) Inviolabilidad de los envíos postales.

Solución al test n.º 7

1. c) Quedarán depositados en la oficina de destino, desde la que, si es posible, se enviará consulta al remitente para que este autorice su entrega a los herederos u opte por su recuperación.

2. a) La entrega.

3. b) Antes de abrirla.

4. b) El administrador concursal.

5. d) Una not$ificación.

6. d) Siempre que se trate de envíos de carácter ordinario y sus dimensiones lo permitan.

7. b) Realizar los encargos relacionados con el servicio que se les encomiende, únicamente dentro del edificio.

8. a) La correspondencia cerrada que solo puede ser abierta por la persona a la que va dirigida.

9. b) Un testigo identificado.

10. b) Dejar constancia en la documentación de que no sabe o no puede firmar.

11. d) Cuando el destinatario lo solicite expresamente y se acuerde en las condiciones contractuales.

12. c) En el interior de las oficinas o dependencias postales, entregados al titular o persona autorizada.

13. b) Almacenamiento a granel.

14. d) Almacenamiento en bloque compacto.

15. b) 6 metros.

16. a) 1,5 metros.

17. c) 700 kg.

18. a) La cantidad de mercancías que se tienen en depósito.

19. b) Stock por fluctuación.

20. c) PMP.

21. b) El pedido.

22. a) El albarán.

23. b) Tarjetas postales.

24. c) Son propiedad del remitente.

25. a) Un servicio postal.

26. b) De hasta 2 kg de peso.

27. a) La Sociedad Estatal Correos y Telégrafos, Sociedad Anónima.

28. d) El artículo 18.

29. c) Inviolables.

30. d) Contenido conocido.

31. b) Que circule en sobre abierto.

32. a) La indicación del término de "tarjeta postal" en los envíos individuales no implica esta clasificación postal a menos que tenga carácter actual y personal.

33. a) Que su distribución se efectúe en sobre cerrado.

34. b) El material fonográfico y videográfico tendrá el mismo tratamiento que los libros.

35. c) Detención arbitraria.

TEST N.º 8

**La comunicación telefónica como proyección
de la imagen positiva de la Junta de Extremadura. Saber escuchar.
Actitud con el interlocutor en situaciones difíciles**

1. A los ciudadanos presuntuosos hay que tratarlos:

a) Pasándonos a su bando.
b) Mostrándoles los conocimientos técnicos que poseemos.
c) Dando toda clase de detalles que les demuestren que están en un error.
d) No compitiendo con ellos e, incluso, llegar a adularlos.

2. El comportamiento agresivo:

a) Se refleja físicamente por el movimiento continuo de manos y brazos.
b) Se da cuando una persona no trata de influir en otra.
c) Es el que adoptan los ciudadanos cuando están hostiles sobre algo, pero no lo sacan a relucir.
d) Comienza y termina con la agresión mediante sólo las manos.

3. Ante un cliente inquisitivo que solicita información con mucha meticulosidad, numerosas preguntas y una actitud crítica, el trato del informador público debe basarse en:

a) Permanecer impasible.
b) Presentar argumentos.
c) Tener conocimientos técnicos.
d) Mantenerse firme.

4. Señala la respuesta incorrecta. La escucha física es una técnica que:

a) Utiliza el lenguaje verbal.
b) Permite tranquilizar y relajar el ánimo del cliente.
c) Refleja la actitud de estar al servicio del cliente.
d) Transmite interés por el problema.

5. Algunas reglas para tratar una reclamación son las siguientes EXCEPTO una, señala cuál:

a) Permanecer calmado.
b) Escuchar objetivamente la situación.
c) Evitar establecer hechos desviando el motivo de la reclamación para disminuir la tensión.
d) Proponer una solución.

6. ¿Cómo llamamos a aquello que una persona cree que puede o debe ocurrir, que se encuentra condicionada por referencias externas o por experiencias anteriores?

a) Persuasión.
b) Percepción.
c) Fiabilidad.
d) Expectación.

7. ¿Qué habilidad es esencial para un telefonista al interactuar con ciudadanos que no entienden términos técnicos?

a) Claridad y precisión.
b) Uso de un lenguaje complejo.
c) Adaptabilidad.
d) Escucha activa.

8. ¿Cuál de los siguientes elementos es fundamental en la comunicación telefónica para transmitir emociones, actitudes y generar un ambiente cordial?

a) La voz.
b) El silencio.
c) El lenguaje.
d) La postura.

9. ¿Cuál de las siguientes habilidades es clave para asegurar que el interlocutor se sienta escuchado, comprendido y respetado en una comunicación telefónica?

a) Claridad y Concisión.
b) Escucha Activa.
c) Cortesía y Respeto.
d) Empatía.

10. ¿Cuál de las siguientes prácticas es esencial para un saludo profesional en la atención telefónica?

a) Usar un tono amable y presentarse con el nombre.
b) Hacer preguntas cerradas desde el inicio.

c) Ignorar el saludo apropiado según la hora del día.

d) Responder rápidamente sin personalizar la llamada.

11. ¿Cuál es la principal característica de un "Usuario Inseguro o Indeciso"?

a) Tiene un conocimiento previo y sabe exactamente lo que necesita.

b) Prefiere resolver problemas por sí mismo, utilizando recursos como sitios web.

c) No tiene claro lo que necesita y muestra dudas durante la conversación.

d) Está enojado o frustrado debido a un problema no resuelto.

12. ¿Qué es lo más importante al atender una llamada telefónica?

a) Hablar rápidamente para solucionar el problema cuanto antes.

b) Aplicar técnicas de escucha activa y crear un clima acogedor.

c) Evitar dar explicaciones claras sobre a la persona que realiza la llamada.

d) Ignorar los silencios durante la llamada.

13. ¿Qué debemos hacer al responder a una llamada para otra persona?

a) Proporcionar toda la información sobre la ausencia de la persona.

b) Ofrecer ayuda sin dar detalles sobre el motivo de la ausencia.

c) Decir que la persona está ocupada pero no ofrecer ninguna solución.

d) Decir que la persona está fuera, ofrecer ayuda y tomar un mensaje si es necesario.

14. ¿Cuál de las siguientes es una característica fundamental de la escucha activa?

a) Concentración plena y evitar distracciones.

b) Emisión de juicios y opiniones sobre lo que se está escuchando que puedan ayudar a la persona.

c) Preparación inmediata de una respuesta antes de que la otra persona termine de hablar.

d) Ignorar el lenguaje no verbal del interlocutor.

15. ¿Qué tipo de retroalimentación se enfoca en señalar errores o deficiencias sin sugerir mejoras?

a) Retroalimentación positiva.

b) Retroalimentación constructiva o correctiva.

c) Retroalimentación negativa.

d) Retroalimentación de desarrollo.

16. Entre las técnicas de excelencia para la atención telefónica, se encuentra la adaptación del tono de voz del operador a los diferentes momentos, situaciones y circunstancias que se planteen. Indique cuál de las siguientes recomendaciones NO es correcta:

a) En la toma de contacto de la llamada adoptaremos un tono cálido y acogedor.

b) Si deseamos persuadir al usuario emplearemos un tono sugestivo que invite a la acción.

c) Si estamos detectando necesidades emplearemos un tono que denote interés y escucha activa.

d) Ante las reclamaciones utilizaremos un tono imperativo y desafiante para contrarrestar la queja.

17. ¿Cuáles de las siguientes opciones son habilidades de la escucha activa?

a) Hacer cumplidos o decir palabras de refuerzo. Por ejemplo: "lo hiciste muy bien" o "me gusta cuando eres sincero/a".

b) Parafrasear para informar al emisor que se ha entendido correctamente el mensaje. Normalmente se utilizan expresiones como: "quieres decir que te sentiste de esta manera".

c) Hacer preguntas relevantes como signo de que el oyente ha estado atento.

d) Todas las respuestas son correctas.

18. ¿Cuál de estas es una habilidad social en la comunicación telefónica?

a) Expresar y recibir refuerzo.

b) Imposición.

c) Transmitir apatía.

d) Enfrentamiento.

19. ¿Cuál de las siguientes acciones consideras que no es un requisito necesario para fomentar la escucha activa por parte de un profesional en el proceso de comunicación con un ciudadano?

a) Demostrar a nuestro interlocutor que estamos dispuestos a escucharle.

b) Dominar nuestro temperamento para no malinterpretar las palabras.

c) Interrumpir la conversación del usuario y agilizarla para terminar antes.

d) Conducir la conversación, resumiendo, preguntando y parafraseando.

20. Entre las técnicas de excelencia de la atención telefónica, existen cosas que se deben de evitar. Indique cuál de las siguientes opciones debe evitarse:

a) No hay que tomar las conversaciones como algo personal. Se debe de mantener una saludable distancia sin perder la calidez en el trato.

b) Si el usuario dice algo que a juicio del profesional que atiende el teléfono es incorrecto, se debe de interrumpir rápidamente la comunicación y el profesional tiene que apresurarse a corregirle.

c) No se deben de utilizar tecnicismos que el usuario no conozca.

d) No se debe de discutir verbal ni mentalmente con el usuario.

21. Entre las técnicas de excelencia para la atención telefónica se encuentra la adaptación del tono de voz del operador a los diferentes momentos, situaciones y circunstancias que se planteen. Indique cuál de las siguientes recomendaciones NO es correcta:

a) En la toma de contacto de la llamada, adoptaremos un tono cálido y acogedor.

b) Si deseamos persuadir al usuario utilizaremos un tono sugestivo que invite a la acción.

c) Ante las reclamaciones adoptaremos un tono defensivo y exculpatorio.

d) Si estamos argumentando emplearemos un tono que demuestre conocimiento del tema y seguridad.

22. Indique cuál de las siguientes opciones es INCORRECTA en relación a los objetivos que se persiguen en la comunicación oral:

a) Adecuación del tono de voz.

b) Hablar de modo que el receptor entienda a medida que escucha.

c) Abstracción de las ideas que se quiere transmitir.

d Usar la palabra exacta, diciendo lo que realmente pretendemos comunicar.

23. Entre las técnicas de excelencia de la atención telefónica, existen cosas que se deben de promover por el profesional en este tipo de comunicación. Indique cuál de las siguientes respuestas es INCORRECTA:

a) Hay que hablar con calma y volumen bajo.

b) Para no hacer esperar al usuario que llama, demasiado tiempo, pondremos sistemáticamente las llamadas en espera.

c) No se debe de permitir que el usuario escuche ninguna otra cosa más que la conversación que se mantiene con el profesional.

d) No se debe de continuar con una conversación previa, simultaneándola cuando se atienda el teléfono.

24. ¿Cuáles son los elementos fundamentales de la comunicación telefónica?

a) La voz, la entonación, los ruidos y el contexto.

b) El lenguaje, el código, el canal y el mensaje.

c) La voz, el lenguaje, el silencio y la sonrisa.

d) El emisor, el lenguaje, el receptor y el contexto.

25. En la comunicación telefónica la voz debe ser:

a) Apagada y repetitiva.

b) Eufórica y vehemente.

c) Clara y suave.

d) Regresiva e insegura.

26. ¿Cuál de las siguientes es una herramienta muy útil en el proceso de la comunicación telefónica?

a) Interrumpir al otro interlocutor cuando permanezca hablando sin parar más de dos minutos.

b) Mantener una escucha activa para obtener información útil de nuestro interlocutor.

c) Tener una conversación paralela con un compañero cercano.

d) Disminuir la atención sobre lo que nos dice el ciudadano al otro lado del teléfono.

27. ¿Cuál de las siguientes acciones debe evitarse en la emisión de una llamada?

a) Prepararla.
b) No justificarla.
c) Presentarnos.
d) Saludar.

28. La asertividad, como habilidad social de conducta, se sitúa:

a) Cercana a la conducta pasiva.
b) Junto a la conducta agresiva.
c) En el punto medio de la conducta pasiva y la agresiva.
d) Alejada de la conducta agresiva.

29. Entre las normas de uso del lenguaje verbal en la comunicación telefónica se debe emplear un lenguaje:

a) Claro y sencillo.
b) Exclusivamente técnico.
c) Exclusivamente formal.
d) De carácter defensivo.

30. ¿Cuál de las siguientes es una habilidad a la hora de recibir críticas?

a) Mostrar indiferencia.
b) No mostrar debilidad.
c) Pedir en su caso disculpas y aceptar la responsabilidad.
d) No reconocer nunca los hechos.

Solución al test n.º 8

1. d) No compitiendo con ellos e, incluso, llegar a adularlos.

2. a) Se refleja físicamente por el movimiento continuo de manos y brazos.

3. c) Tener conocimientos técnicos.

4. a) Utiliza el lenguaje verbal.

5. c) Evitar establecer hechos desviando el motivo de la reclamación para disminuir la tensión.

6. d) Expectación.

7. c) Adaptabilidad.

8. a) La voz.

9. b) Escucha Activa.

10. a) Usar un tono amable y presentarse con el nombre.

11. c) No tiene claro lo que necesita y muestra dudas durante la conversación.

12. b) Aplicar técnicas de escucha activa y crear un clima acogedor.

13. d) Decir que la persona está fuera, ofrecer ayuda y tomar un mensaje si es necesario.

14. a) Concentración plena y evitar distracciones.

15. c) Retroalimentación negativa.

16. d) Ante las reclamaciones utilizaremos un tono imperativo y desafiante para contrarrestar la queja.

17. d) Todas las respuestas son correctas.

18. a) Expresar y recibir refuerzo.

19. c) Interrumpir la conversación del usuario y agilizarla para terminar antes.

20. b) Si el usuario dice algo que a juicio del profesional que atiende el teléfono es incorrecto, se debe de interrumpir rápidamente la comunicación y el profesional tiene que apresurarse a corregirle.

21. c) Ante las reclamaciones adoptaremos un tono defensivo y exculpatorio.

22. c) Abstracción de las ideas que se quiere transmitir.

23. b) Para no hacer esperar al usuario que llama, demasiado tiempo, pondremos sistemáticamente las llamadas en espera.

24. c) La voz, el lenguaje, el silencio y la sonrisa.

25. c) Clara y suave.

26. b) Mantener una escucha activa para obtener información útil de nuestro interlocutor.

27. b) No justificarla.

28. c) En el punto medio de la conducta pasiva y la agresiva.

29. a) Claro y sencillo.

30. c) Pedir en su caso disculpas y aceptar la responsabilidad.

TEST N.º 9

Medidas preventivas y pautas de actuación ante una emergencia. Prevención de incendios. Planes de emergencia y evacuación. Nociones básicas de riesgos laborales y prevención de accidentes para ordenanzas

1. El responsable de la elaboración, implantación, mantenimiento y revisión de los planes de autoprotección es:

a) El Instituto Nacional de Seguridad y Salud en el Trabajo.
b) El técnico superior en prevención de riesgos laborales.
c) El titular de la actividad.
d) La Autoridad Laboral competente en seguridad y salud.

2. Al sistema de acciones y medidas encaminadas a prevenir y controlar los riesgos sobre las personas y los bienes, a dar respuesta adecuada a las posibles situaciones de emergencia y a garantizar la integración de estas actuaciones con el sistema público de protección civil, se le denomina:

a) Prevención.
b) Autoprotección.
c) Previsión.
d) Reacción.

3. El documento perteneciente al plan de autoprotección en el que se compila el conjunto de medidas de prevención-protección previstas y/o implantadas, así como la secuencia de actuaciones a realizar ante la aparición de un siniestro, es:

a) La evaluación de riesgos.
b) El Plan de prevención.
c) El Plan de emergencias.
d) El libro de Auxilio.

4. El plan de autoprotección se recoge en:

a) Soporte informático necesariamente.
b) El archivo común existente en la Unidad de Protección Civil de la Delegación de Gobierno.

c) No hay ninguna previsión normativa al respecto.
d) Un documento único con diferentes partes y anexos.

5. La Norma Básica de Autoprotección es de aplicación a establecimientos de usos sanitarios en los que se prestan cuidados médicos en régimen de hospitalización y/o tratamiento intensivo o quirúrgico, con una disponibilidad igual o superior a partir de:

a) 200 camas.
b) 500 camas.
c) 1.000 camas.
d) 2.000 camas.

6. La Norma Básica de Autoprotección es de aplicación a cualquier establecimiento de uso docente que disponga de una altura de evacuación igual o superior a partir de:

a) 15 metros.
b) 22 metros.
c) 28 metros.
d) 36 metros.

7. La Norma Básica de Autoprotección es de aplicación a cualquier establecimiento de uso residencial público que disponga de una ocupación igual o superior a partir de:

a) 500 personas.
b) 1000 personas.
c) 1500 personas.
d) 2000 personas.

8. La Norma Básica de Autoprotección es de aplicación a todas aquellas actividades desarrolladas al aire libre con un número de asistentes previsto igual o superior a partir de:

a) 10.000 personas.
b) 20.000 personas.
c) 25.000 personas.
d) 32.000 personas.

9. La Norma Básica de Autoprotección es de aplicación a instalaciones cerradas desmontables o de temporada con capacidad igual o superior a partir de:

a) 1.500 personas.
b) 2.500 personas.

c) 3.000 personas.
d) 4.000 personas.

10. Señala la opción incorrecta. El Plan de Autoprotección aborda:

a) La identificación y evaluación de los riesgos.
b) Las acciones y medidas necesarias para la prevención y control de riesgos.
c) La conflictividad laboral de los trabajadores de la empresa.
d) Las medidas de protección y otras actuaciones a adoptar en caso de emergencia.

11. El color de seguridad para las señales de advertencia es:

a) El rojo.
b) El azul.
c) El verde.
d) El amarillo o amarillo anaranjado.

12. Las señales de prohibición tendrán forma:

a) Rectangular.
b) De rombo.
c) Redonda.
d) Cuadrada.

13. Se utilizan pictogramas blancos sobre fondo verde para:

a) Señales relativas a los equipos de lucha contra incendios.
b) Señales de salvamento o socorro.
c) Señales de advertencia.
d) Señales de obligación.

14. En relación con el uso de señales acústicas de seguridad, es correcto:

a) El uso simultáneo de dos señales acústicas.
b) El uso de una señal acústica cuando el ruido ambiental ya es demasiado intenso.
c) El sonido de una señal de evacuación deberá ser continuo.
d) Si un dispositivo puede emitir señales acústicas con un tono o intensidad variables o intermitentes, o con un tono o intensidad continuos, se utilizarán las segundas para indicar, por contraste con las primeras, un mayor grado de peligro o una mayor urgencia de la acción requerida.

15. El director del Plan de Actuación en Emergencias será designado por:

a) El titular de la actividad.
b) El Servicio de Prevención.

c) El Comité de Seguridad y Salud.
d) La autoridad laboral territorial.

16. ¿Quién es el responsable de activar el Plan de Actuación en Emergencias?

a) El titular de la actividad, si es una persona física, o la persona que le represente si es una persona jurídica.
b) La autoridad competente de Protección Civil.
c) El Delegado de Prevención.
d) El Director del propio Plan de Actuación en Emergencias.

17. A efectos de la Norma Básica de Autoprotección, se entiende por alarma:

a) El aviso o señal por la que se informa a las personas para que sigan instrucciones específicas ante una situación de emergencia.
b) El conjunto de operaciones o tareas que puedan dar origen a accidentes o sucesos que generen situaciones de emergencia.
c) La situación declarada con el fin de tomar precauciones específicas debido a la probable y cercana ocurrencia de un suceso o accidente.
d) La respuesta a la emergencia, para proteger y socorrer a las personas y los bienes.

18. A efectos de la Norma Básica de Autoprotección, la probabilidad de que se produzca un efecto dañino específico en un periodo de tiempo determinado o en circunstancias determinadas, se denomina:

a) Riesgo.
b) Peligro.
c) Alerta.
d) Precaución.

19. La medida de protección de las personas, tras un accidente, que consiste en permanecer dentro de un espacio interior protegido y aislado del exterior, se denomina:

a) Confinamiento.
b) Evacuación.
c) Aislamiento.
d) Hermetismo.

20. La concatenación de efectos causantes de riesgo que multiplican las consecuencias, debido a que los fenómenos peligrosos pueden afectar, además de los elementos vulnerables exteriores, otros recipientes, tuberías, equipos o instalaciones del mismo establecimiento o de otros próximos, de tal manera que a su vez provoquen nuevos fenómenos peligrosos, se llama:

a) Efecto mariposa.
b) Efecto Doppler.

c) Multiefecto.
d) Efecto dominó.

21. A efectos de la Norma Básica de Autoprotección, al máximo número de personas que puede contener un edificio, espacio, establecimiento, recinto, instalación o dependencia, en función de la actividad o uso que en él se desarrolle, se le llama:

a) Aforo.
b) Volumen.
c) Ocupación.
d) Saturación.

22. A efectos de la Norma Básica de Autoprotección, a la vuelta a la normalidad y reanudación de la actividad, se le denomina:

a) Reingreso.
b) Rehabilitación.
c) Normalización.
d) Superación.

23. A efectos de la Norma Básica de Autoprotección, riesgo es:

a) Elemento natural o técnico cuya función habitual no está asociada a las tareas de autoprotección y cuya disponibilidad hace posible o mejora las labores de prevención y actuación ante emergencias.
b) Probabilidad de que se produzca un efecto dañino específico en un periodo de tiempo determinado o en circunstancias determinadas.
c) Situación declarada con el fin de tomar precauciones específicas debido a la probable y cercana ocurrencia de un suceso o accidente.
d) Grado de pérdida o daño esperado sobre las personas y los bienes y su consiguiente alteración de la actividad socioeconómica, debido a la ocurrencia de un efecto dañino específico.

24. El aviso o señal por la que se informa a las personas para que sigan instrucciones específicas ante una situación de emergencia, es:

a) Alerta.
b) Detección.
c) Alarma.
d) Auxilio.

25. Aquella situación en la que los parámetros definidores del riesgo, evidencian que la materialización del mismo, puede ser inminente, se denomina:

a) Preemergencia.
b) Conato.

c) Emergencia parcial.
d) Emergencia primaria.

26. Aquella situación que puede ser controlada y solucionada de forma sencilla y rápida por el personal y medios de protección del local, dependencias o sector, se llama:

a) Preemergencia.
b) Conato de emergencia.
c) Emergencia parcial.
d) Emergencia primaria.

27. ¿A quién corresponde establecer la situación de emergencia en función del nivel de gravedad?

a) Al Jefe de Intervención.
b) Al Director del Plan de Actuación.
c) Al responsable de los Servicios Públicos de Extinción de Incendios y Salvamento.
d) Al Director del Plan de Autoprotección.

28. En un plan de autoprotección, ¿a qué se denominan "Equipos de Primera Intervención" (EPI)?

a) Son los que en una situación de emergencia organizan en primer lugar la evacuación del edificio a la espera de las instrucciones del Jefe de Emergencia.
b) Son los que en una situación de emergencia acuden al lugar donde se haya producido la emergencia para intentar su control y poner en funcionamiento el sistema de alarma.
c) También llamados Equipos de Protección Individual, incluyen cualquier equipo destinado a ser llevado o sujetado por el trabajador para que le proteja de los riesgos para su seguridad y salud laboral.
d) Son las brigadas contra incendios que actúan cuando la emergencia se considera grave.

29. Asume la dirección y coordinación de los equipos de emergencia en el lugar del accidente:

a) El Jefe de Intervención.
b) El Director del Plan de Actuación.
c) El responsable de los Servicios Públicos de Extinción de Incendios y Salvamento.
d) El Director del Plan de Autoprotección.

30. Su misión es asegurar una evacuación total y ordenar su sector y/o establecimiento y garantizar que se ha dado la alarma. Nos referimos a:

a) El Equipo de Primeros Auxilios (EPA).
b) El Equipo de Segunda Intervención (ESI).

c) El Equipo de Primera Intervención (EPI).
d) El Equipo de Alarma y Evacuación (EAE).

31. Las salidas del establecimiento, planta o inmueble tendrán una señal con el rótulo "SALIDA", excepto en edificios de uso Residencial Vivienda y, en otros usos, cuando se trate de salidas de recintos que sean fácilmente visibles y cuya superficie no exceda de:

a) 50 m².
b) 100 m².
c) 200 m².
d) 400 m².

32. Deben disponerse señales indicativas de dirección de los recorridos, visibles desde todo origen de evacuación desde el que no se perciban directamente las salidas o sus señales indicativas y en particular, frente a toda salida de un recinto, que acceda lateralmente a un pasillo, y que tenga una ocupación mayor de:

a) 50 personas.
b) 100 personas.
c) 140 personas.
d) 200 personas.

33. Las señales de salida de uso habitual o de emergencia, cuando la distancia de observación esté comprendida entre 20 y 30 metros, tendrán un tamaño de:

a) 210 x 210 mm.
b) 420 x 420 mm.
c) 594 x 594 mm.
d) 360 x 360 mm.

34. El lugar físico desde donde el Director del Plan de Actuación en Emergencias dirige la resolución de la misma, es:

a) El Centro de Control.
b) El Lugar de reunión.
c) El Centro directivo.
d) La Zona de Refugio.

35. El emplazamiento de los extintores permitirá que sean fácilmente visibles y accesibles, estarán situados próximos a los puntos donde se estime mayor probabilidad de iniciarse el incendio, a ser posible próximos a las salidas de evacuación y preferentemente sobre soportes fijados a paramentos verticales, de modo que la parte superior del extintor quede, como máximo, a:

a) 1,20 metros sobre el suelo.
b) 1,70 metros sobre el suelo.

c) 1 metro sobre el suelo.
d) Ninguna de las respuestas es correcta.

36. Las bocas de incendio equipadas (BIE) se situarán, siempre que sea posible, a una distancia máxima de la salida de cada sector, de:

a) 5 metros.
b) 10 metros.
c) 15 metros.
d) 20 metros.

37. La separación máxima entre cada boca de incendio equipada (BIE) y su más cercana será de:

a) 10 metros.
b) 25 metros.
c) 50 metros.
d) 75 metros.

38. Según el Real Decreto 513/2017, de 22 de mayo, por el que se aprueba el Reglamento de instalaciones de protección contra incendios y la norma UNE-EN2, para un fuego de clase C, utilizaremos un agente extintor:

a) Específico para fuegos de metales.
b) Específico para fuegos de materiales sólidos, generalmente de naturaleza orgánica, cuya combinación se realiza normalmente por la formación de brasas.
c) Específico para fuegos de gases.
d) Específico para fuegos de líquidos o de sólidos licuables.

39. Los representantes de los trabajadores con competencia en materia de prevención de riesgos laborales son:

a) Los miembros de la Junta de personal, Junta Facultativo y Junta de Enfermería.
b) Los técnicos de prevención de riesgos laborales.
c) El Servicio de Medicina Preventiva.
d) Los delegados de prevención.

40. ¿Qué se entiende por "riesgo laboral"?

a) La posibilidad de que un trabajador sufra un determinado daño derivado del trabajo.
b) La posibilidad de que un trabajador sufra una enfermedad en el trabajo.
c) La posibilidad de que un trabajador sufra acoso.
d) El riesgo que supone el ir a trabajar.

41. ¿Quién debe garantizar a los trabajadores la vigilancia periódica de su estado de salud en función de los riesgos inherentes al trabajo?

a) La Inspección de Trabajo.
b) El propio trabajador.
c) El empresario.
d) Las secciones sindicales.

42. El derecho básico reconocido a los trabajadores por la Ley 31/1995, de 8 de noviembre, es:

a) La vigilancia de su estado de salud.
b) Una protección eficaz en materia de seguridad y salud en el trabajo.
c) La formación en materia preventiva.
d) La información, consulta y participación.

43. Indica cuál es la definición de prevención:

a) La probabilidad racional de que un riesgo se materialice de forma inminente.
b) El estudio de los procesos potencialmente peligrosos para el trabajo.
c) Conjunto de actividades o medidas adoptadas o previstas en todas las fases de actividad de la empresa con el fin de evitar o disminuir los riesgos derivados del trabajo.
d) Posibilidad de que un trabajador sufra un determinado daño derivado del trabajo.

44. Entre los principios de la acción preventiva recogidos por el artículo 15 de la Ley de Prevención de Riesgos Laborales, no figura:

a) Evitar los riesgos.
b) Evaluar los riesgos que se puedan evitar.
c) Tener en cuenta la evolución de la técnica.
d) Dar las debidas instrucciones a los trabajadores.

45. ¿Cuántos delegados de prevención se deberán elegir en empresas entre 3001 y 4000 trabajadores?

a) 5.
b) 6.
c) 7.
d) 8.

46. En las empresas de hasta 30 trabajadores el Delegado de Prevención será:

a) El propio empresario.
b) El trabajador más antiguo.
c) El trabajador de mayor cualificación.
d) El delegado de personal.

47. Según la Ley de Prevención de Riesgos Laborales, se constituirá un Comité de Seguridad y Salud en todas las empresas o centros de trabajo que cuenten con:

a) 30 o más trabajadores.
b) 50 o más trabajadores.
c) 75 o más trabajadores.
d) 100 o más trabajadores.

48. Entre las obligaciones de los trabajadores recogidas por la Ley de Prevención de Riesgos Laborales, no figura:

a) Informar directamente al empresario de cualquier situación que entrañe riesgo para la seguridad o salud de los trabajadores.
b) Contribuir al cumplimiento de las obligaciones establecidas por la autoridad competente con el fin de proteger la seguridad y la salud de los trabajadores en el trabajo.
c) Cooperar con el empresario para que este pueda garantizar unas condiciones de trabajo que sean seguras y no entrañen riesgos para la seguridad y la salud de los trabajadores.
d) Utilizar correctamente los medios y equipos de protección facilitados por el empresario, de acuerdo con las instrucciones recibidas de este.

49. Cuando los trabajadores estén expuestos a un riesgo grave e inminente con ocasión de su trabajo, y el empresario no adopte o no permita la adopción de las medidas necesarias para garantizar la seguridad y la salud de los trabajadores, la Ley 31/1995, de 8 de noviembre, de Prevención de Riesgos Laborales prevé:

a) Los trabajadores afectados podrán paralizar la actividad.
b) El órgano de representación del personal instará formalmente al empresario a la adopción de las medidas necesarias.
c) Los Delegados de Prevención lo comunicarán a la autoridad laboral, que adoptará las medidas necesarias.
d) El órgano de representación de personal podrá acordar la paralización de la actividad.

50. El art. 21 de la LPRL establece los requisitos y el procedimiento para que los representantes legales de los trabajadores acuerden la paralización de la actividad de los trabajadores que están o puedan estar expuestos a un riesgo grave e inminente si el empresario no adopta las medidas necesarias para garantizar la seguridad y salud de los trabajadores. La medida será adoptada por:

a) Acuerdo por mayoría absoluta de sus miembros. Tal acuerdo será comunicado de inmediato a la empresa y a la autoridad laboral, la cual, en el plazo de 48 horas, anulará o ratificará la paralización acordada.
b) Acuerdo por mayoría de 2/3 de sus miembros. Tal acuerdo será comunicado de inmediato a la empresa y a la autoridad laboral, la cual, en el plazo de 24 horas, anulará o ratificará la paralización acordada.

c) Acuerdo por mayoría de sus miembros. Tal acuerdo será comunicado de inmediato a la empresa y a la autoridad laboral, la cual, en el plazo de 48 horas, anulará o ratificará la paralización acordada.

d) Acuerdo por mayoría de sus miembros. Tal acuerdo será comunicado de inmediato a la empresa y a la autoridad laboral, la cual, en el plazo de 24 horas, anulará o ratificará la paralización acordada.

51. El posible cambio de puesto de trabajo con riesgo para una trabajadora embarazada:

a) Deberá realizarse en caso de imposibilidad de adaptación del propio puesto.

b) Se hará previo informe en tal sentido del Servicio de Prevención.

c) Se determinará por el empresario, y dará información a los representantes de los trabajadores.

d) Se extenderá al período de lactancia.

52. Unas condiciones ideales de manipulación manual de cargas incluyen:

a) Levantamientos rápidos y continuados.

b) Espalda inclinada hacia delante.

c) Manejo de la carga sin giros ni inclinaciones.

d) Sujeción del objeto con una posición de la muñeca en ángulo de 90º.

53. Una medida recomendada para prevenir riesgos de caídas al mismo nivel es:

a) Evitar almacenamiento de materiales sobre armarios, especialmente si se trata de materiales que por su peso u otras características puedan ocasionar daños al caer mientras se manipulan.

b) No utilizar sillas, mesas, estanterías o papeleras como "escaleras".

c) Mantener ordenados los materiales inflamables o combustibles y evitar acumulaciones innecesarias.

d) Mantener los suelos de los pasillos y zonas de paso limpias y libres de cualquier obstáculo (carpetas, bolsos, libros, papeleras, cables).

Solución al test n.º 9

1. c) El titular de la actividad.

2. b) Autoprotección.

3. c) El Plan de emergencias.

4. d) Un documento único con diferentes partes y anexos.

5. a) 200 camas.

6. c) 28 metros.

7. d) 2000 personas.

8. b) 20.000 personas.

9. b) 2.500 personas.

10. c) La conflictividad laboral de los trabajadores de la empresa.

11. d) El amarillo o amarillo anaranjado.

12. c) Redonda.

13. b) Señales de salvamento o socorro.

14. c) El sonido de una señal de evacuación deberá ser continuo.

15. a) El titular de la actividad.

16. d) El Director del propio Plan de Actuación en Emergencias.

17. a) El aviso o señal por la que se informa a las personas para que sigan instrucciones específicas ante una situación de emergencia.

18. b) Peligro.

19. a) Confinamiento.

20. d) Efecto dominó.

21. c) Ocupación.

22. b) Rehabilitación.

23. d) Grado de pérdida o daño esperado sobre las personas y los bienes y su consiguiente alteración de la actividad socioeconómica, debido a la ocurrencia de un efecto dañino específico.

24. c) Alarma.

25. a) Preemergencia.

26. b) Conato de emergencia.

27. b) Al Director del Plan de Actuación.

28. b) Son los que en una situación de emergencia acuden al lugar donde se haya producido la emergencia para intentar su control y poner en funcionamiento el sistema de alarma.

29. a) El Jefe de Intervención.

30. d) El Equipo de Alarma y Evacuación (EAE).

31. a) 50 m2.

32. b) 100 personas.

33. c) 594 x 594 mm.

34. a) El Centro de Control.

35. a) 1,20 metros sobre el suelo.

36. a) 5 metros.

37. c) 50 metros.

38. c) Específico para fuegos de gases.

39. d) Los delegados de prevención.

40. a) La posibilidad de que un trabajador sufra un determinado daño derivado del trabajo.

41. c) El empresario.

42. b) Una protección eficaz en materia de seguridad y salud en el trabajo.

43. c) Conjunto de actividades o medidas adoptadas o previstas en todas las fases de actividad de la empresa con el fin de evitar o disminuir los riesgos derivados del trabajo.

44. b) Evaluar los riesgos que se puedan evitar.

45. c) 7.

46. d) El delegado de personal.

47. b) 50 o más trabajadores.

48. a) Informar directamente al empresario de cualquier situación que entrañe riesgo para la seguridad o salud de los trabajadores.

49. d) El órgano de representación de personal podrá acordar la paralización de la actividad.

50. d) Acuerdo por mayoría de sus miembros. Tal acuerdo será comunicado de inmediato a la empresa y a la autoridad laboral, la cual, en el plazo de 24 horas, anulará o ratificará la paralización acordada.

51. a) Deberá realizarse en caso de imposibilidad de adaptación del propio puesto.

52. c) Manejo de la carga sin giros ni inclinaciones.

53. d) Mantener los suelos de los pasillos y zonas de paso limpias y libres de cualquier obstáculo (carpetas, bolsos, libros, papeleras, cables).

TEST N.º 10

Ley de Igualdad entre Mujeres y Hombres y contra la Violencia de Género en Extremadura: Disposiciones generales. Violencia de Género: Disposiciones Generales

1. Según la Ley 8/2011 de Igualdad de Extremadura, el principio general de actuación que impone a los poderes públicos de Extremadura, en el marco de sus competencias, la obligación de adoptar medidas específicas a favor de las mujeres para corregir situaciones patentes de desigualdad de hecho respecto de los hombres, que serán aplicables en tanto subsistan dichas situaciones, habrán de ser razonables y proporcionadas en relación con el objetivo perseguido en cada caso, se denomina:

a) La igualdad de oportunidades.
b) El respeto a la diversidad y la diferencia.
c) La igualdad de trato entre mujeres y hombres.
d) Acción positiva.

2. Según la Ley 8/2011, ¿qué medidas se establecen para combatir la violencia de género?

a) Exclusivamente la atención a mujeres víctimas de violencia.
b) Sanciones económicas a los agresores.
c) Sensibilización, prevención y derechos de asistencia, protección y recuperación integral para las víctimas y sus familias.
d) Eliminación de los derechos laborales de los agresores.

3. Las técnicas de análisis y planificación que tienen en cuenta la interacción que se produce entre el género y otros factores de discriminación, con el objetivo de atender a la diversidad de las mujeres, mediante la puesta en marcha de mecanismos antidiscriminación de acción integral, se llaman:

a) La interseccionalidad.
b) La transversalidad.
c) La representación equilibrada.
d) El fomento de la diversidad y la diferencia.

4. Según el artículo 2 de la Ley 8/2011, la ley será de aplicación en el ámbito territorial de la Comunidad Autónoma de Extremadura para los siguientes colectivos salvo uno. Indica cuál:

a) Universidad de Extremadura.
b) Todas las entidades que realicen actividades educativas y de formación cualquiera que sea su tipo, nivel y grado.
c) Las Fuerzas Armadas.
d) A las entidades privadas que suscriban contratos o convenios de colaboración con las Administraciones Públicas de Extremadura o sean beneficiarias de ayudas o subvenciones concedidas por ellas.

5. Se entiende que cualquier tipo de trato desfavorable relacionado con el embarazo, la maternidad o la paternidad constituye:

a) Una situación de desigualdad.
b) Discriminación directa por razón de sexo.
c) Discriminación indirecta.
d) Acoso por razón de sexo.

6. ¿Qué implica la "igualdad de oportunidades" según el artículo 3 de la Ley 8/2011?

a) Adoptar medidas para garantizar el acceso a derechos y eliminar discriminación.
b) Tratar a todos de manera idéntica en cualquier situación.
c) Promover leyes generales sin intervención específica en desigualdades.
d) Establecer políticas laborales únicamente para mujeres.

7. En virtud del principio de ruptura de la brecha de género en la Sociedad de la Información, el Conocimiento y la Imaginación ¿Qué han de priorizar los poderes públicos extremeños para la supresión de cualquier tipo de discriminación y el fomento de la igualdad entre mujeres y los hombres?

a) Promover el acceso exclusivo de las mujeres a la tecnología.
b) Implementar políticas de discriminación positiva para hombres.
c) Considerar las implicaciones de género en el avance estratégico hacia la igualdad.
d) Establecer cuotas de participación femenina en empresas tecnológicas.

8. ¿Qué se entiende por "acción positiva" en el marco de esta ley?

a) Programas diseñados exclusivamente para mujeres empresarias.
b) Medidas específicas para corregir desigualdades mediante políticas afirmativas.
c) Aplicación de políticas de igualdad solo en el ámbito educativo.
d) Exclusión de hombres en sectores donde predominan las mujeres.

9. ¿Qué principio fomenta la representación equilibrada según la Ley 8/2011?

a) La promoción exclusiva de mujeres en cargos públicos.
b) La imposición de cuotas exclusivamente femeninas en empresas privadas.
c) La reducción de la participación masculina en las candidaturas políticas.
d) La paridad de género en órganos de representación y toma de decisiones.

10. ¿Qué se entiende por "discriminación interseccional"?

a) La discriminación basada únicamente en el género.
b) La discriminación que combina racismo y sexismo.
c) La discriminación debida a la orientación sexual.
d) La discriminación causada por el lugar de residencia.

11. ¿En qué Título de la Ley 8/2011 se exponen las medidas de prevención de la violencia de género y en la atención y protección a las víctimas de la misma?

a) Título II.
b) Título IV.
c) Título V.
d) Título III.

12. Según el artículo 76 de la Ley 8/2011, ¿qué competencia tiene la Junta de Extremadura en relación con las víctimas de violencia de género?

a) Regular y asegurar las prestaciones y derechos establecidos por esta ley, garantizando los servicios de la Red Extremeña de Atención a Víctimas de la Violencia de Género.
b) Controlar las políticas de inmigración de mujeres víctimas de violencia de género.
c) Establecer los protocolos de actuación para la policía en casos de violencia de género.
d) Gestionar directamente los recursos de los centros de acogida para mujeres víctimas de violencia de género.

13. De acuerdo con el artículo 76 de la Ley 8/2011, ¿qué debe garantizar la Junta de Extremadura respecto a los servicios y recursos de atención a víctimas de violencia de género?

a) Garantizar la accesibilidad de los servicios a todas las mujeres que vivan en la Comunidad Autónoma de Extremadura.
b) Garantizar la accesibilidad de los servicios a todas las personas que vivan en la Comunidad Autónoma de Extremadura.
c) Garantizar la accesibilidad de los servicios a todas las mujeres nacidas en la Comunidad Autónoma de Extremadura.
d) Garantizar que los servicios sean prestados solo a las víctimas que denuncien públicamente la violencia.

14. Según el artículo 77 de la Ley 8/2011, ¿cuál es una de las competencias de la Junta de Extremadura?

a) Establecer las leyes penales relacionadas con los delitos de violencia de género.

b) Crear un sistema de intervención para los agresores de violencia de género.

c) Supervisar los sistemas de seguridad pública en zonas rurales.

d) Fijar la forma y el procedimiento para adecuar y compatibilizar los recursos regulados por esta ley con los de otras administraciones competentes.

15. Según el artículo 77 de la Ley 8/2011, ¿qué competencia tiene la Junta de Extremadura respecto a la coordinación de los recursos de violencia de género?

a) Supervisar la implementación de nuevas leyes estatales sobre violencia de género.

b) Establecer sanciones a las administraciones locales que no cumplan con los recursos de atención.

c) Garantizar la adecuada coordinación de la Red, los recursos, instituciones y medios, tanto materiales como humanos, con la Administración General del Estado.

d) Gestionar directamente todos los centros de refugio para víctimas de violencia de género.

16. Según la Ley 8/2011, ¿cuál de las siguientes competencias corresponde a la administración local?

a) Colaborar con la Junta de Extremadura en la creación de nuevas leyes sobre violencia de género.

b) Programar, prestar y gestionar los servicios de información y asesoramiento y prevención de la violencia de género, y efectuar la derivación a los servicios especializados de la Red de Atención a Víctimas.

c) Garantizar la adecuada coordinación de la Red, los recursos, instituciones y medios, tanto materiales, como humanos con la Administración General del Estado e impulsar las fórmulas de colaboración, cooperación e información mutua que resulten necesarias para garantizar los derechos que establece esta ley.

d) Impulsar la colaboración y la cooperación con las demás comunidades autónomas para garantizar los derechos establecidos por esta ley.

17. Según la Ley 8/2011, ¿qué tarea corresponde a la administración local en relación con los servicios de la Red de Atención a Víctimas de Violencia de Género?

a) Colaborar con la gestión de los servicios de la Red de Atención a Víctimas de Violencia de Género, de acuerdo con lo que se establezca mediante convenio con la administración autonómica.

b) Definir los criterios de sanción para los infractores de la ley de violencia de género.

c) Fijar la forma y el procedimiento para adecuar y compatibilizar los recursos regulados por esta ley con los recursos de las Administraciones Públicas de Extremadura competentes, para prestar servicios de educación, trabajo, salud, servicios sociales y otros implicados en la lucha contra la violencia de género y en la atención a mujeres víctimas de esta violencia.

d) Dirigir los planes educativos en colegios sobre violencia de género.

18. Según la Ley 8/2011, ¿qué función corresponde a la administración local en cuanto a sensibilización y prevención de la violencia de género?

a) Realizar investigaciones científicas sobre las causas de la violencia de género.

b) Establecer nuevas normas sobre los derechos de las víctimas de violencia de género.

c) Organizar la formación de las víctimas para prevenir futuras agresiones.

d) Colaborar, a través de los Servicios Sociales de Base, en el desarrollo de las acciones de sensibilización y prevención.

19. La representación equilibrada es aquella situación que garantice la presencia de mujeres y hombres de forma que, en el conjunto de personas a que se refiera:

a) Cada sexo ni supere el cincuenta y cinco por ciento ni sea menos del cuarenta y cinco por ciento.

b) Ningún sexo supere en más de dos representantes al otro.

c) Cada sexo ni supere el sesenta por ciento ni sea menos del cuarenta por ciento.

d) Ambos sexos tengan el cincuenta por ciento de los representantes.

20. Con el fin de hacer efectivo el derecho constitucional a la igualdad, los poderes públicos adoptarán medidas específicas a favor de las mujeres para corregir situaciones patentes de desigualdad de hecho respecto de los hombres. Tales medidas, que serán aplicables en tanto subsistan dichas situaciones, habrán de ser, en relación con el objetivo perseguido en cada caso, razonables y:

a) Justificadas.

b) Proporcionadas.

c) Consensuadas.

d) Personalizadas.

Solución al test n.º 10

1. d) Acción positiva.

2. c) Sensibilización, prevención y derechos de asistencia, protección y recuperación integral para las víctimas y sus familias.

3. a) La interseccionalidad.

4. c) Las Fuerzas Armadas.

5. b) Discriminación directa por razón de sexo.

6. a) Adoptar medidas para garantizar el acceso a derechos y eliminar discriminación.

7. c) Considerar las implicaciones de género en el avance estratégico hacia la igualdad.

8. b) Medidas específicas para corregir desigualdades mediante políticas afirmativas.

9. d) La paridad de género en órganos de representación y toma de decisiones.

10. b) La discriminación que combina racismo y sexismo.

11. b) Título IV.

12. a) Regular y asegurar las prestaciones y derechos establecidos por esta ley, garantizando los servicios de la Red Extremeña de Atención a Víctimas de la Violencia de Género.

13. a) Garantizar la accesibilidad de los servicios a todas las mujeres que vivan en la Comunidad Autónoma de Extremadura.

14. d) Fijar la forma y el procedimiento para adecuar y compatibilizar los recursos regulados por esta ley con los de otras administraciones competentes.

15. c) Garantizar la adecuada coordinación de la Red, los recursos, instituciones y medios, tanto materiales como humanos, con la Administración General del Estado.

16. b) Programar, prestar y gestionar los servicios de información y asesoramiento y prevención de la violencia de género, y efectuar la derivación a los servicios especializados de la Red de Atención a Víctimas.

17. a) Colaborar con la gestión de los servicios de la Red de Atención a Víctimas de Violencia de Género, de acuerdo con lo que se establezca mediante convenio con la administración autonómica.

18. d) Colaborar, a través de los Servicios Sociales de Base, en el desarrollo de las acciones de sensibilización y prevención.

19. c) Cada sexo ni supere el sesenta por ciento ni sea menos del cuarenta por ciento.

20. b) Proporcionadas.

SUPUESTOS PRÁCTICOS

SUPUESTO N.º 1

Supuesto sobre atención al público

A lo largo de la semana han sido muchos y muy variados los tipos de personas con los que ha tenido que tratar el ordenanza o conserje Vicente como parte de sus funciones de atención al público.

En todo caso, Vicente se ha esforzado por dar un trato respetuoso y adecuado para que cada persona fuera convenientemente atendida por el motivo que le acercó a la Administración. Para ello, Vicente ha tenido que ajustar su trato a las características de cada ciudadano y posibilitar así la mejor comunicación posible.

En lo que va de mañana, Vicente ha atendido a 8 ciudadanos, que nombraremos por sus nombres de pila y que mostraban las siguientes características:

- El ciudadano Andrés era negativista, poco objetivo y creía en todo momento que tenía la verdad absoluta.

- El ciudadano Benito era muy reservado, se mostraba asustado e inseguro y prefería escuchar en vez de hablar.

- El ciudadano Carlos se mostraba exigente, avasallando e insultando repetidamente, además parecía muy susceptible.

- La ciudadana Dolores era muy desconfiada, aguda y crítica, poniéndolo todo en entredicho.

- El ciudadano Eduardo era muy hablador, abierto y comunicativo. Se salía mucho del tema y era muy impulsivo.

- La ciudadana Francisca era muy crítica y meticulosa. Preguntaba mucho y se le veía muy insegura.

- La ciudadana Gloria hablaba muy poco, iba directamente al asunto con muy poca diplomacia y mucha frialdad. Se mostraba bastante desorientada.

- Por último, el ciudadano Hugo se ha mostrado muy orgulloso, engreído y altivo, creyéndose que lo sabía todo.

En un primer lugar, intentando comprender cómo lo ha percibido Vicente, debemos identificar cada tipo de ciudadanos que se ha dirigido a él a partir de las características observadas. No se trata de poner etiquetas a cada persona sin más, sino, más bien, de entender cómo actúa la persona que tenemos delante para saber dar el mejor tipo de respuesta a cada persona según las características que presentan.

Cuestiones

1. Por las características mencionadas entendemos que Andrés es una persona:

a) Excitable.
b) Escéptica.
c) Inquisitiva.
d) Irrazonable.

2. Por las características mencionadas entendemos que Benito es una persona:

a) Escéptica.
b) Tímida.
c) Silenciosa.
d) Entendida.

3. Por las características mencionadas entendemos que Carlos es una persona:

a) Excitable.
b) Inquisitiva.
c) Presuntuosa.
d) Irrazonable.

4. Por las características mencionadas entendemos que Dolores es una persona:

a) Entendida.
b) Silenciosa.
c) Escéptica.
d) Irrazonable.

5. Por las características mencionadas entendemos que Eduardo es una persona:

a) Excitable.
b) Presuntuosa.
c) Habladora.
d) Entendida.

¿Qué tipo de trato ha tenido que dar Vicente en cada caso para que cada persona viera satisfecha y eficazmente cumplida su necesidad de información y de servicio que le trajo a la Administración?. En cada caso nombraremos tres tipos de respuestas que podría haber dado Vicente; tenemos que identificar la más acertada en función del comportamiento que mostraba cada ciudadano. Todas las respuestas mencionadas pueden parecer buenas, pero se trata de señalar aquella en la que hay que apoyarse más:

6. Ante el comportamiento de Dolores, es conveniente:

a) Tener paciencia y perseverancia.
b) Darle conocimientos técnicos.
c) Encauzarle en el tema.
d) Dar detalles.

7. Ante el comportamiento de Eduardo, es conveniente:

a) No competir con él.
b) Pasarse a su bando.
c) Permanecer impasible.
d) Ser breve y cortés.

8. Ante el comportamiento de Francisca, es conveniente:

a) Mostrar calma.
b) Brevedad y cortesía.
c) No contradecirse.
d) Ir al grano.

9. Ante el comportamiento de Gloria, es conveniente:

a) Permanecer impasible.
b) Mantenerse firme.
c) Dar garantías.
d) Llevar la iniciativa.

10. Ante el comportamiento de Hugo, es conveniente:

a) Mostrar amabilidad.
b) Tratarle en reservado.
c) Competir con él.
d) Evitar adularle.

El resto de la jornada, Vicente se encuentra trabajando en la centralita de la institución. Todas las llamadas recibidas en el puesto de contestación son señalizadas tanto óptica como acústicamente; si mientras Vicente está atendiendo a un ciudadano entra una nueva llamada, esta se señalizará de una forma óptica exclusivamente. Mientras atiende el teléfono un usuario interno ha solicitado a Vicente una comunicación urbana, pero el abonado deseado no contesta y Vicente le dice al usuario que vuelva a intentarlo pasado un tiempo.

Pasada una hora, Vicente debe ausentarse unos minutos del puesto de contestación y nadie puede suplirle momentáneamente en su ausencia, por lo que decide descolgar el teléfono hasta su vuelta.

Un Jefe de Sección pregunta a Vicente cuál es el procedimiento a seguir para localizar el número telefónico de un abonado de una localidad distinta a la capital de la provincia. Vicente cuenta para ello con una guía telefónica de la provincia.

11. Si el número de llamada externo que Vicente ha solicitado está ocupado:

a) El número se activará cuantas veces se desee mediante su reclamación.
b) Marcará insistentemente sin dar paso a nuevas llamadas para atender al usuario.
c) Mandará al usuario al teléfono público más cercano para que lo siga intentando.
d) Queda eximido de seguir intentándolo.

12. ¿Puede Vicente ausentarse de la centralita?

a) No, no puede abandonar su puesto de trabajo bajo ningún concepto.
b) Derivará las llamadas recibidas hacia otro puesto de contestación de reserva.
c) Descolgará el teléfono mientras se ausente y nadie notará su marcha.
d) Sí, siempre que sea en la franja de la jornada que menos llamadas se reciben.

13. ¿Cómo buscará Vicente al abonado solicitado en la guía telefónica?

a) Buscará directamente el primer apellido en las últimas páginas de la guía.
b) Primero debe localizar la población.
c) En la guía aparece una única relación de abonados de la provincia, independientemente de la población. Por tanto, primero debe hacer una búsqueda alfabética del primer apellido y a partir de ahí buscar por el segundo apellido.
d) Su función es hacer la llamada pero no buscar un número de teléfono.

14. La voz de Vicente al atender el teléfono, debe ser:

a) Apagada.
b) Clara.
c) Castellanizada.
d) Robótica.

15. La actitud de Vicente ha de ser en todo momento:

a) Positiva.
b) Personal.
c) Inflexible.
d) Distante.

16. En la comunicación telefónica, Vicente guardará silencio cuando:

a) Quiera zanjar el asunto.
b) Esté seguro de que ha dicho todo lo que tenía que decir.
c) No esté de acuerdo con lo que dice su interlocutor.
d) El cliente le habla.

17. Cuando Vicente recibe una llamada que estaba en espera:

a) Hablará rápidamente para atender lo antes posible al usuario.
b) Explicará al cliente por qué está esperando.
c) Se identificará con su nombre.
d) Le dará prioridad sobre cualquier otro asunto que pueda surgir durante la comunicación.

18. Vicente atiende telefónicamente, hablando de forma muy técnica a un usuario que llama al Organismo. ¿Se puede afirmar que está usando un lenguaje correcto?

a) Sí, la ley le obliga a usar siempre un lenguaje técnico y preciso.
b) Sí.
c) No, ya que un lenguaje correcto tiene que ser muy coloquial.
d) No, ya que un lenguaje correcto no tiene por qué ser muy técnico.

19. Vicente atiende telefónicamente a un usuario que llama al Organismo. El usuario pregunta por otro empleado de la Institución que no se encuentra en ese momento en el edificio. Señale la opción correcta de la acción de Vicente al usuario:

a) Le notificará el tiempo que lleva fuera y dará explicaciones de por qué no está.
b) Le colgará amablemente y con cortesía, sin dar ningún tipo de explicación ni información.
c) Tomará nota de la llamada y el motivo.
d) Le pasará la llamada a otro funcionario para que también lo atienda y así el usuario vea que se le ha mostrado interés.

20. Vicente atiende a un usuario que se persona en el edificio. El alterado usuario pretende comunicar una queja o reclamación a la entidad. ¿Qué no debe hacer Vicente?

a) Adoptar una actitud positiva y huyendo de la pasividad o falta de interés.

b) Permitir expresarse al usuario y darle las condiciones correctas para que se traslade su problema.

c) Evitar que la reclamación surta efecto, convenciendo al usuario de que no insista ya que es negativo para la Entidad.

d) Encaminarle a la ventanilla o dependencia a la que ha de dirigirse.

Solución al supuesto n.º 1

1. d) Irrazonable.

Son personas irrazonables los que presentan las siguientes características: negativistas, poco objetivos y creen tener la verdad absoluta.

2. b) Tímida.

Son personas tímidas las que presentan las siguientes características: reservados, asustados e inseguros y prefieren escuchar.

3. a) Excitable.

Son personas excitables las que presentan las siguientes características: avasallan e insultan, son exigentes y muy susceptibles.

4. c) Escéptica.

Son personas escépticas las que presentan las siguientes características: son desconfiados, agudos y críticos y ponen todo en entredicho.

5. c) Habladora.

Son personas habladoras las que presentan las siguientes características: hablan mucho, se salen del tema y son muy impulsivos, abiertos y comunicativos.

6. a) Tener paciencia y perseverancia.

Las personas escépticas deben ser tratadas con paciencia y perseverancia, sinceridad y dando garantías.

7. d) Ser breve y cortés.

Las personas habladoras deben ser tratadas de forma amable y abierta, encauzándoles el tema, siendo breve y cortés.

8. c) No contradecirse.

Las personas inquisitivas deben ser tratadas con paciencia, aportando conocimientos técnicos y dando detalles, sin contradecirse.

9. d) Llevar la iniciativa.

Las personas silenciosas deben ser tratadas llevando la iniciativa, con brevedad y cortesía.

10. a) Mostrar amabilidad.

Las personas presuntuosas deben ser tratadas con humildad, amabilidad y adulación.

11. a) El número se activará cuantas veces se desee mediante su reclamación.

El número de llamada externo marcado en último lugar puede almacenarse, en caso de que el abonado deseado esté ocupado o no conteste, y activarse cuantas veces se desee mediante su reclamación.

12. b) Derivará las llamadas recibidas hacia otro puesto de contestación de reserva.

Desde el puesto de contestación se pueden derivar las llamadas recibidas, cuando por razones de ausencia no puedan atenderse, hacia otro puesto de contestación de reserva. En ciertos lugares, durante la noche o ciertas horas, se activa el servicio nocturno.

13. b) Primero debe localizar la población.

Para la localización de un abonado en la guía telefónica hay que tener en cuenta que los apellidos de los abonados se ordenan alfabéticamente.

Los pasos para encontrar el número del abonado son los siguientes:

1. Si el número que buscamos pertenece a un abonado de la capital de provincia o de una localidad.

2. En el primer caso, ir a la sección "Relación de clientes de la capital" y fijarse en el primer apellido del abonado ya que en el margen superior de la guía aparecerán dos apellidos donde el primero corresponde al primer apellido que aparece en la página par, y el segundo al último apellido que aparece en la página impar.

3. En el caso de buscar el número de un abonado en una localidad, tendremos que irnos a la sección final de la guía, y esta vez en el cabecero de la guía aparecerán las localidades en vez de los apellidos.

14. b) Clara.

Como regla general en la atención telefónica, nuestra voz deberá ser agradable, natural, clara y armoniosa, no regresiva. No deberá ser monótona, apagada, brusca. Además, cuando hablemos, lo haremos con nitidez, articulando bien las palabras y a una velocidad normal.

15. a) Positiva.

Como regla general en la atención telefónica, nuestra actitud ha de ser en todo momento positiva y profesional. Las respuestas agradables transforman situaciones negativas en positivas. Hay que reflejar entusiasmo, confianza en nosotros mismos, deseos de ayudar, formalidad, seriedad y sinceridad.

16. d) El cliente le habla.

Como regla general en la atención telefónica, cuando el cliente nos habla deberemos guardar silencio aplicando las técnicas de escucha activa, con la finalidad de que el ciudadano aprecie que no solo lo estamos oyendo sino escuchando.

17. b) Explicará al cliente por qué está esperando.

Como regla general, una vez que la llamada ha pasado la centralita y llega a su destino final, tras saludar, conviene explicar al cliente por qué está esperando (p. ej.: buscamos información).

18. d) No, ya que un lenguaje correcto no tiene por qué ser muy técnico.

Como regla general en la atención telefónica, hay que evitar usar términos desconocidos o que puedan generar confusión en los clientes; hay que ser claros y precisos en la elección de nuestras palabras. Los ciudadanos no suelen estar acostumbrados a los tecnicismos; por ello convendría evitar emplearlos. En el caso de que fueran imprescindibles, explicaremos con claridad lo que estamos diciendo y las posibles repercusiones que pueda tener sobre el cliente.

19. c) Tomará nota de la llamada y el motivo.

Como regla general en la atención telefónica, si el usuario pregunta por otro empleado que no está, le preguntaremos si le podemos ayudar nosotros. Si no fuese posible, le preguntaríamos si no le importa esperar un momento para ver si le localizamos. En caso de que fuese imposible, tomaríamos nota de su llamada y motivo.

20. c) Evitar que la reclamación surta efecto, convenciendo al usuario de que no insista ya que es negativo para la Entidad.

Cualquiera que sea el origen de una reclamación, el objetivo a alcanzar por nuestra parte es la satisfacción del cliente, por lo que nunca hay que negarse a recibir cualquier tipo de reclamación.

SUPUESTO N.º 2

Supuesto sobre correspondencia

1. A Claudia Moreno, que trabaja en la sede central de un organismo público, se le entrega un sobre cerrado con algún tipo de escrito en su interior para ser enviado como carta ordinaria. ¿Puede ese envío ser considerado como carta?

a) Sí, puesto que va cerrado y su contenido no se indica ni puede conocerse.
b) Solo si así se manifiesta expresamente en el propio sobre.
c) No, ya que al ir cerrado no se puede verificar que el mensaje tenga carácter actual y personal.
d) Sí, si se remite en un sobre normalizado.

2. Un jefe de sección le hace entrega a Claudia, que trabaja en la sede central de un organismo público, una saca con 800 envíos ya ensobrados y cumplimentados para que los franquee y deposite en la oficina de Correos. Claudia observa que en la cubierta de todos ellos figura la expresión "P. D.", que los identifica como:

a) Paquete discrecional.
b) Publicidad directa.
c) Propiedad departamental.
d) Prioridad directivo.

3. Un director de área quiere enviar aproximadamente a 1.000 empresas el catálogo editado por el organismo informando de los nuevos servicios puestos en marcha en sobres normalizados cerrados. ¿Cuál de las siguientes características no es válida para que estos envíos circulen como catálogos?

a) Remitirse a una pluralidad de destinatarios.
b) Que en su cubierta figure la leyenda "catálogos" a efectos de facilitar la identificación de estos envíos.
c) Que se distribuyan en sobres cerrados.
d) Que los 1.000 envíos tengan un mensaje similar, aunque el nombre, la dirección y el número de identificación que se asigne a cada destinatario sean distintos en cada caso.

4. Los catálogos se consideran:

a) Tanto envíos de correspondencia como envíos postales.
b) Envíos de correspondencia, pero no envíos postales.
c) Envíos postales, pero no envíos de correspondencia.
d) No se consideran ni envíos de correspondencia ni envíos postales.

5. ¿Cuál es la actividad consistente en cualquier operación realizada en los locales de destino del operador postal a donde ha sido transportado el envío postal de forma inmediatamente previa a su entrega final al destinatario del mismo?

a) Clasificación.
b) Admisión.
c) Transporte.
d) Distribución.

6. ¿Cuál de estas características ha de saber Claudia que NO es propia de un envío certificado?

a) Entrega en propia mano al destinatario del envío.
b) El envío está asegurado -en caso de pérdida, robo o deterioro- por el valor declarado por el remitente.
c) Se envía previo pago de una cantidad predeterminada a tanto alzado.
d) Comporta, a petición del remitente, una prueba de depósito del envío postal o de su entrega al destinatario.

7. Claudia debe saber que, los envíos postales, en tanto no lleguen a poder del destinatario:

a) Serán propiedad del remitente.
b) Serán propiedad del servicio postal.
c) Serán propiedad del destinatario desde el momento que son admitidos por el servicio postal.
d) No tienen propietario.

8. El usuario de los servicios postales:

a) Ha de ser una persona física.
b) Es el remitente del envío.
c) Es el destinatario del envío.
d) Es la persona física o jurídica que se beneficie de su prestación como remitente o como destinatario.

9. Claudia ha de saber que, para que se puedan incluir en el ámbito del servicio postal universal, los paquetes postales:

a) No podrán tener valor comercial.
b) Han de contener comunicaciones escritas.
c) No podrán superar los 20 kilogramos de peso.
d) Han de circular en el régimen ordinario.

10. En ningún caso Claudia podrá enviar por correo postal los objetos siguientes:

a) Medicamentos sujetos a prescripción.
b) Animales vivos.
c) Monedas, billetes de banco y cheques de viaje.
d) Objetos que puedan manchar o deteriorar otros envíos.

11. Las solicitudes, escritos y comunicaciones que los ciudadanos o entidades dirijan, a través del operador al que se le ha encomendado la prestación del servicio postal universal, a alguna de las dependencias del edificio público en el que trabaja Claudia, se presentarán:

a) De forma individualizada en sobre abierto.
b) De forma conjunta en sobre cerrado.
c) De forma conjunta en sobre abierto.
d) De forma individualizada en sobre cerrado.

12. ¿Puede Claudia, como persona autorizada, rehusar un paquete postal después de examinarlo interiormente?

a) Las personas autorizadas no pueden examinar los paquetes postales interiormente, solo exteriormente.
b) Sí, puede rehusar cualquier paquete postal recibido en los últimos cinco días, por no encontrarse presente el destinatario final y siempre que lo examine interiormente en presencia del empleado postal.
c) Ningún paquete postal puede ser rehusado una vez se examine interiormente.
d) Sí, siempre en el momento de la entrega y en presencia del empleado postal, en aquellos supuestos en que existan indicios apreciables en el exterior de que el contenido pudiera estar dañado.

13. Claudia, como persona autorizada en el edificio público en que trabaja como Ordenanza, recibe la comunicación del operador postal, de que un envío postal remitido por el Centro ha sido imposible de entregar. ¿De qué plazo dispone Claudia (como remitente) para su recuperación o para la modificación de la dirección postal?

a) 7 días.
b) 10 días.
c) 15 días.
d) 20 días.

Solución supuesto n.º 2

1. a) Sí, puesto que va cerrado y su contenido no se indica ni puede conocerse.

Se considera carta todo envío cerrado cuyo contenido no se indique ni pueda conocerse, así como toda comunicación materializada en forma escrita sobre soporte físico de cualquier naturaleza que tenga carácter actual y personal.

En todo caso, tendrán la consideración de carta los envíos de recibos, facturas, documentos de negocios, estados financieros y cualesquiera otros mensajes que no sean idénticos. Las cartas pueden circular: ordinarias, certificadas, con aviso de recibo, contra reembolso, urgentes y con valor declarado.

2. b) Publicidad directa.

Se considera publicidad directa el envío que se destina a la promoción y venta de bienes y servicios. Contienen anuncios, estudios de mercado, publicidad o un mensaje similar. Estas comunicaciones se remiten a más de quinientos destinatarios, su distribución se efectúa en sobre abierto, para facilitar la inspección postal, y en sus cubiertas figura la expresión P. D. a efectos de facilitar la identificación de estos envíos.

3. c) Que se distribuyan en sobres cerrados.

Los catálogos deben distribuirse en sobre abierto para facilitar la inspección postal.

4. c) Envíos postales, pero no envíos de correspondencia.

No se consideran envíos de correspondencia, aunque sí envíos postales, los siguientes:

– Libros.

– Catálogos.

– Diarios y publicaciones periódicas.

5. d) Distribución.

Según el artículo 3, apartado 1 de la Ley 43/2010, de 30 de diciembre, del servicio postal universal, de los derechos de los usuarios y del mercado postal.

6. b) El envío está asegurado -en caso de pérdida, robo o deterioro- por el valor declarado por el remitente.

Según el artículo 3.4 de la Ley 43/2010, un servicio de envío certificado es aquel que, previo pago de una cantidad predeterminada a tanto alzado, comporta una garantía fija contra los riesgos de pérdida, robo o deterioro, y que facilita al remitente, en su caso y a petición de éste, una prueba de depósito del envío postal o de su entrega al destinatario.

7. a) Serán propiedad del remitente.

Los envíos postales, en tanto no lleguen a poder del destinatario, serán propiedad del remitente, quien podrá, mediante el pago de las tarifas o precios correspondientes, recuperarlos o modificar su dirección, siempre que las operaciones necesarias para localizarlos no perturben la marcha regular de la prestación del servicio postal.

8. d) Es la persona física o jurídica que se beneficie de su prestación como remitente o como destinatario.

Se considera usuario de los servicios postales, la persona física o jurídica que se beneficie de su prestación como remitente o como destinatario, cualquiera que sea la naturaleza, pública o privada, del operador que los preste.

9. c) No podrán superar los 20 kilogramos de peso.

Se incluyen en el ámbito del servicio postal universal las actividades de recogida, admisión, clasificación, transporte, distribución y entrega de envíos postales nacionales y transfronterizos en régimen ordinario de:

a) Cartas y tarjetas postales que contengan comunicaciones escritas en cualquier tipo de soporte, de hasta 2 kilogramos de peso.

b) Paquetes postales, con o sin valor comercial, de hasta 20 kilogramos de peso.

10. d) Objetos que puedan manchar o deteriorar otros envíos.

No pueden incluirse en ninguna clase de envíos postales los objetos cuya naturaleza o embalaje puedan constituir un peligro para los empleados de los operadores postales que los manipulan o el público en general, o que puedan manchar o deteriorar otros envíos, el equipo postal o los bienes de terceros.

11. a) De forma individualizada en sobre abierto.

Las solicitudes, escritos y comunicaciones que los ciudadanos o entidades dirijan a los órganos de las administraciones públicas, a través del operador al que se le ha encomendado la prestación del servicio postal universal, se presentarán de forma individualizada en sobre abierto, con objeto de que en la cabecera de la primera hoja del documento que se quiera enviar, se haga constar, con claridad, el nombre de la oficina y la fecha, el lugar, la hora y minuto de su admisión. Estas circunstancias deberán figurar en el resguardo justificativo de su admisión.

12. d) Sí, siempre en el momento de la entrega y en presencia del empleado postal, en aquellos supuestos en que existan indicios apreciables en el exterior de que el contenido pudiera estar dañado.

Se podrá rehusar por el destinatario o persona autorizada los envíos de paquetes postales después de examinarlo interiormente, siempre en el momento de la entrega y en presencia del empleado postal, en aquellos supuestos en que existan indicios apreciables en el exterior de que el contenido pudiera estar dañado.

13. c) 15 días.

En el supuesto de que el operador postal opte por comunicar la imposibilidad de la entrega del envío, el remitente dispondrá de un plazo de quince días para su recuperación o para la modificación de la dirección postal abonando, en este último caso, los gastos ocasionados.

SUPUESTO N.º 3

Supuesto sobre máquinas reproductoras

1. Teniendo en cuenta la siguiente imagen delantera izquierda y delantera derecha de una fotocopiadora, los casetes donde se carga el papel para las fotocopias están identificados con el/los número/s:

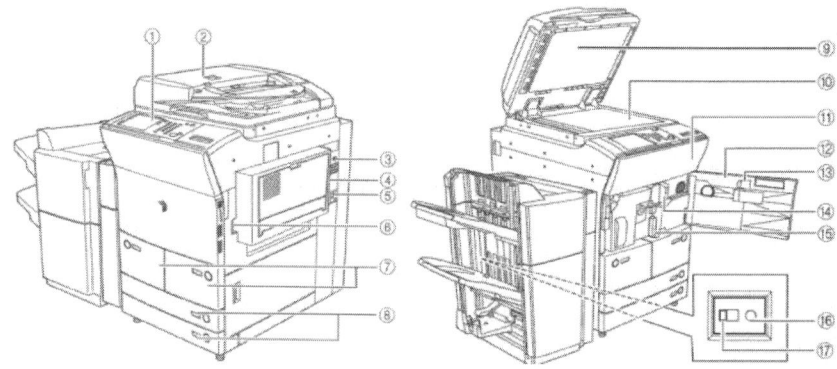

a) 2.
b) 7 y 8.
c) 12.
d) 4.

2. Si durante el funcionamiento de la fotocopiadora aparece iluminada la tecla de función número 4 significa que:

1		2		3		4		5		6		7		8	
9		10		11		12		13		14		15		16	

a) Se ha producido un atasco de papel.
b) La máquina se ha quedado sin papel.
c) La fotocopiadora se está quedando sin tóner.
d) El original tiene poco contraste.

3. Si la que se enciende es la tecla número 3 la máquina nos estará advirtiendo de que:

1	⊕	2	⎓	3	⁙	4	8Λ	5	©	6	⬛	7	◎	8	▭
9	⊛	10	?	11	1×2 CARAS	12	1×1 Cara	13	⠿	14	◉	15	◑	16	1×1 P card

a) Se ha producido un atasco de papel.
b) La máquina se ha quedado sin papel.
c) La fotocopiadora se está quedando sin tóner.
d) El original tiene poco contraste.

4. En las siguientes imágenes de una fotocopiadora, ¿qué número indica el panel de control?

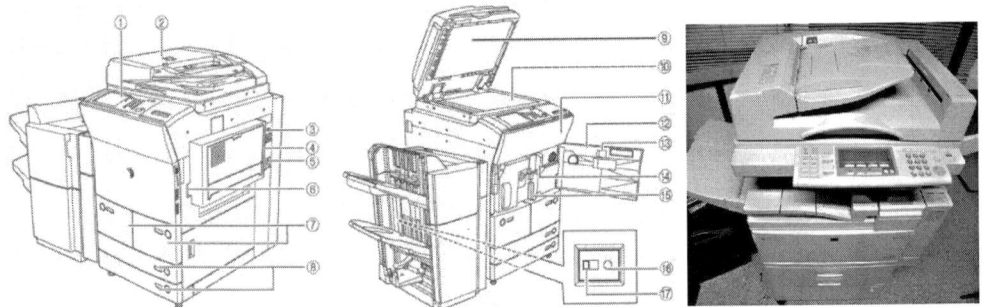

a) 1.
b) 8.
c) 10.
d) 2.

5. En la siguiente imagen que representa la pantalla táctil del panel de control de una fotocopiadora, el fotocopiado a doble cara se programa con la tecla identificada con el número:

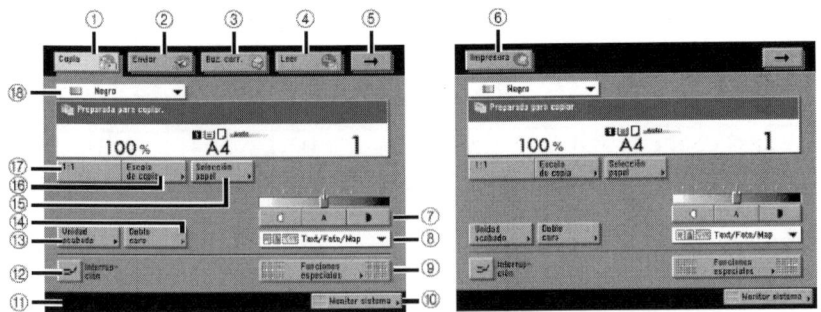

Pantalla de funciones básicas de copia

a) 1.

b) 4.

c) 14.

d) 16.

6. En la siguiente imagen de teclas de función de una fotocopiadora, identificamos el dibujo que indica que el original es a una cara y las copias a dos, con la que lleva el número:

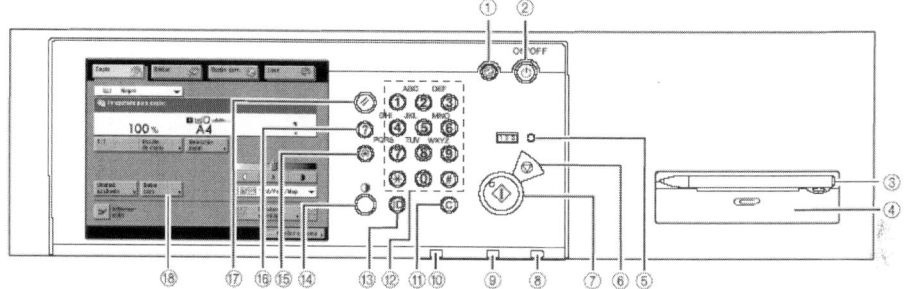

a) 6.

b 12.

c) 16.

d) 11.

7. Teniendo por delante la imagen que representa el panel de control de la fotocopiadora, ¿cómo ha de proceder el operario si selecciona 11 copias cuando quería seleccionar 10?

a) Lo mejor es pulsar la tecla de inicio (identificada con el número 7), dejar que la máquina haga las 11 copias y tirar a la basura una de ellas.

b) Darle a la tecla de inicio y dejar que la máquina empiece a hacer las copias indicadas. En el momento que salga la última hoja de la copia 10, el ordenanza o conserje pulsará la tecla de detener (identificada con el número 6) antes de que arrastre la primera hoja correspondiente a la copia 11.

c) Reiniciará pulsando la tecla identificada con el número 17 y volverá a incluir todos los datos referidos al encargo con cuidado de no volver a equivocarse.

d) Simplemente pulsará la tecla de borrar (identificada en la figura con el número 11), con lo que se borrará la última cifra marcada (1) y, en su lugar, tecleará el 0. La máquina entenderá que ha de efectuar 10 copias.

8. En la fotocopiadora, si el ordenanza o conserje utiliza la escala de ampliación del 200 %, significa que:

a) Amplía el tamaño de la copia en su totalidad 200 veces.
b) Amplía el doble el tamaño de la copia en su totalidad.
c) Amplía el tamaño de la copia en su anchura 200 veces.
d) Amplía la resolución de la copia 200 veces.

9. En la siguiente imagen de un fax, ¿qué parte se identifica con el número 4?

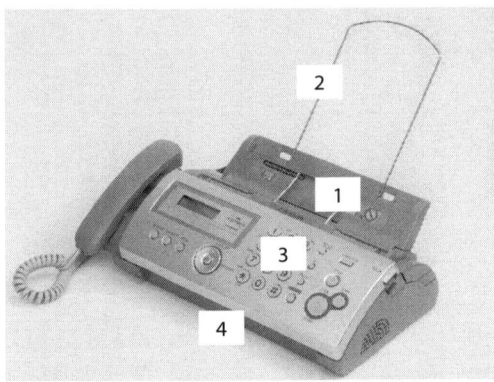

a) Soporte para los documentos a enviar.
b) Guías de ajuste del papel.
c) Salida de documentos leídos.
d) Bandeja de salida del papel enviado.

10. En la imagen del panel de control del fax, ¿con qué número están señaladas las teclas numéricas que se utilizan para marcar los números de teléfono?

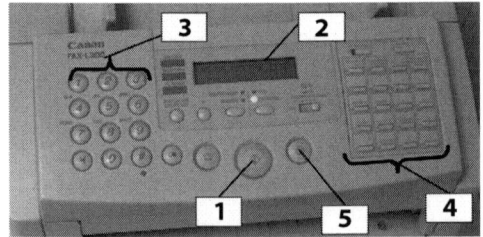

Componente n.º
1
2
3
4
5

a) 1.
b) 2.
c) 3.
d) 4.

11. Si el ordenanza o conserje tuviera que cambiar el tóner del fax, después de extraer el viejo sacaría uno nuevo de su bolsa protectora y antes de introducirlo en su lugar correspondiente:

a) Agitará enérgicamente el cartucho varias veces.
b) Lo dejará unos minutos al aire libre para que se airee.
c) Limpiará con alcohol los rieles por los que se desliza el tóner.
d) Tendrá que avisar rápidamente al servicio técnico para que cambie el tóner lo antes posible.

12. Si el ordenanza o conserje pulsa la tecla "reiniciar" del panel de la fotocopiadora:

a) La máquina descontará las copias hechas y volverá a contabilizar desde la copia 1.
b) La máquina eliminará la configuración de las copias realizadas anteriormente volviendo a la configuración por defecto.
c) La máquina repetirá la tarea con la misma configuración de las copias realizadas con anterioridad.
d) La máquina se apagará y encenderá automáticamente.

13. El ordenanza debe realizar copias que sean la mitad del DIN-A4, ¿qué papel utilizará según el sistema DIN?

a) El A5.
b) El B4.
c) El A4 y ½.
d) El A3.

Solución supuesto n.º 3

1. b) 7 y 8.

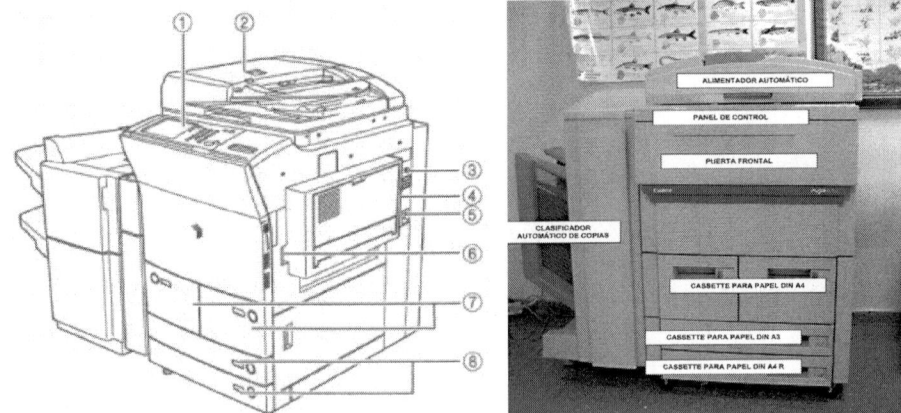

2. a) Se ha producido un atasco de papel.

La imagen número 4 de la ilustración indica que hay papel atascado en algún componente de la fotocopiadora. Hasta que no desaparezca el atasco, no podremos continuar haciendo copias.

3. c) La fotocopiadora se está quedando sin tóner.

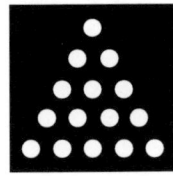

Esta imagen es un aviso que nos indica que debemos reponer tóner a la máquina. No implica que no pueda hacer fotocopias, sino que debe rellenarse pues se terminará próximamente.

4. a) 1.

El panel de control es uno de los elementos básicos de las fotocopiadoras. Puede ser de varios tipos:

– Mediante botones que son pulsados para seleccionar las distintas funciones.

– Mediante un monitor situado sobre la fotocopiadora donde aparecen las distintas funciones seleccionadas.

– Mediante una pantalla táctil.

En cualquier caso, la forma de hacerla operar y las distintas teclas tienen una simbología idéntica, lo que facilita la rápida adaptación de una máquina a otra en caso de cambios.

5. c) 14.

La opción "doble cara" permite hacer copias, como su nombre indica, a partir de originales de una sola cara.

6. d) 11.

La opción "doble cara" permite hacer copias, como su nombre indica, a partir de originales de una sola cara.

7. d) Simplemente pulsará la tecla de borrar (identificada en la figura con el número 11), con lo que se borrará la última cifra marcada (1) y, en su lugar, tecleará el 0. La máquina entenderá que ha de efectuar 10 copias.

La tecla "borrar" se pulsa para poner a uno el número de copias o para borrar un valor incorrecto introducido al establecer un modo de copia.

8. b) Amplía el doble el tamaño de la copia en su totalidad.

El panel de control de las fotocopiadoras de oficina y de las profesionales nos permite ampliar o reducir la copia que vayamos a imprimir. Habitualmente estas fotocopiadoras pueden trabajar tanto a tamaño 1:1, como reducir o ampliar las copias que se desean entre márgenes que suelen oscilar en cuanto a la reducción al 50 % (la mitad) y en cuanto a la ampliación al 200 % (el doble) dependiendo en todo caso de la máquina que se utilice.

9. c) Salida de documentos leídos.

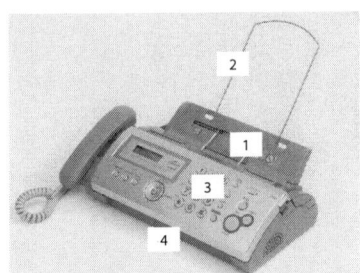

10. c) 3.

Las teclas numéricas se encuentran en el panel de control del fax y se utilizan para marcar los números de teléfono y para introducir texto, números y símbolos al registrar nombres y números en la memoria.

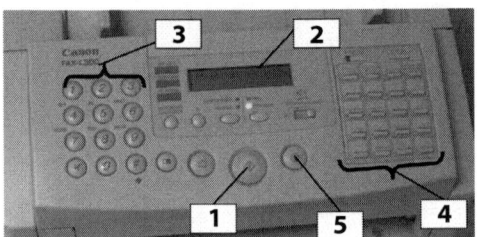

Componente n.º
1
2
3
4
5

11. a) Agitará enérgicamente el cartucho varias veces.

Los pasos para sustituir el cartucho de tóner son los siguientes:

1. Sin que haya documentos pendientes de envío, ni de recogida, levantar la tapa superior cogiéndola por ambos lados.

2. Sacar el cartucho de tóner usado tirando de la "pestaña" que posee.

3. Sacar el nuevo cartucho de tóner de su bolsa protectora, que debe permanecer cerrada hasta ese momento.

4. Girar enérgicamente el cartucho de un lado a otro unas cinco o seis veces. De esta forma conseguiremos mover el tóner del interior del cartucho evitando que permanezca apelmazado.

12. b) La máquina eliminará la configuración de las copias realizadas anteriormente volviendo a la configuración por defecto.

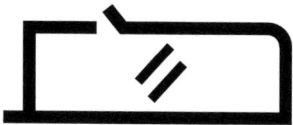

La tecla para reiniciar se pulsa para hacer que la copiadora regrese al modo estándar de copia, olvidándose de las opciones que hubiéramos seleccionado anteriormente.

13. a) El A5.

Cada tamaño posterior A(n) se define como A(n-1) reducido a la mitad en paralelo por sus lados más cortos.

A4	297 × 210 mm.	0,06 m²	Similar al folio tradicional (algo más corto) ha llegado a sustituirlo como el tamaño papel de uso más corriente en la vida diaria.
A5	210 × 148 mm.	0,03 m²	Es el tamaño similar a la cuartilla tradicional. También se usa para libros.

SUPUESTO N.º 4

Supuesto sobre arreglos de anomalías

Un técnico recorre las dependencias de un Edificio público y anota las deficiencias que detecta. Hecho el recorrido, se pasa al conserje el informe, el cual recoge distintas tareas a realizar para subsanar ciertas anomalías, como arreglo de puertas y ventanas que cierran mal; reparación de enchufes y timbres y conexiones de cables; y goteo de grifos y cisternas y atascos en sumideros.

Se solicita del conserje la diferenciación de los distintos conceptos utilizados, las técnicas a aplicar, así como de las herramientas y materiales a utilizar.

Cuestiones

1. Para que una lámpara pueda apagarse o encenderse desde dos puntos indistintamente, se utiliza:

a) Un cebador.
b) Un condensador.
c) Un transformador.
d) Un conmutador.

2. Si los extremos de un tubo fluorescente se ponen negros es síntoma de que:

a) El cebador está defectuoso.
b) El contacto del tubo con los bornes no se ha acoplado bien.
c) El tubo está agotado.
d) El tubo está demasiado caliente.

3. Para elevar o reducir la tensión eléctrica sin variar la potencia, utilizaremos:

a) El transformador.
b) El alternador.
c) El tensiómetro.
d) El polímetro.

4. Las bolsas de aire que aparecen en el interior de las tuberías, principalmente las de agua caliente, suelen formarse por:

a) Diferencias en la presión del agua.
b) Fugas de agua.
c) Congelación de las cañerías.
d) Los malos olores.

5. La principal medida para evitar malos olores en las tuberías es:

a) Mantener siempre el agua en movimiento.
b) Aumentar el caudal de agua.
c) Limpiar periódicamente los sifones.
d) Utilizar un purgador.

6. Para hacer la junta de estanqueidad de una rosca se utilizará:

a) Cinta aislante.
b) Esparto.
c) Hilo de pescar.
d) Teflón.

7. En urinarios de lugares o edificios públicos de alto tránsito es habitual la utilización de sistemas de descarga presurizada de agua que se accionan mediante un grifo de cierre automático (mecánico o electrónico) instalado sobre una derivación de la red interior de agua. Estas válvulas de descarga se denominan:

a) Fluxores.
b) Cisternas.
c) Sifones.
d) Vomitorios.

Solución al supuesto n.º 4

1. d) Un conmutador.

El conmutador realiza la misma función que el interruptor, cuando deseamos controlar el circuito desde dos sitios distintos. Son aparatos que interrumpen un circuito para establecer contactos con otra parte de este a través de un mecanismo interior que dispone de dos posiciones: conexión y desconexión. Tiene tres bornes de conexión, que tienen diferentes cometidos según la situación en el circuito.

2. c) El tubo está agotado.

Una de las posibles averías de los fluorescentes consiste en que los extremos del tubo se ponen negros. Es síntoma de agotamiento del tubo. Debe ser reemplazado.

3. a) El transformador.

Dispositivo con dos devanados (primario y secundario) que eleva o reduce la tensión eléctrica sin variar la potencia.

4. a) Diferencias en la presión del agua.

Las bolsas de aire que se instalan en el interior de las tuberías, puede ser debido frecuentemente a diferencias en la presión del agua, provocadas por el propio suministro o bien por el uso a la vez de varios sanitarios. Esto es especialmente frecuente en las tuberías de agua caliente, debido a que su presión es menor por la necesidad de su calentamiento.

5. c) Limpiar periódicamente los sifones.

Los malos olores en las tuberías deben detenerse mediante la limpieza de los sifones al menos una vez cada 6 meses. Para ello, basta con desenroscar la tapa inferior que suele sujetarse a presión mediante juntas de goma.

6. d) Teflón.

Se utiliza para la reparación de una rosca que pierde agua. Una vez desmontada, se recubren las roscas con un material de estanqueidad (estopa o más modernamente cinta de teflón).

7. a) Fluxores.

El fluxor es un aparato basado en un sistema de válvula de regulación, para limitar el caudal en caso necesario, que se intercala directamente en la red de suministro del agua, sin necesidad de contar con depósito alguno.

El fluxor es un grifo de cierre automático que se instala para ser utilizado en el inodoro. Está provisto de un pulsador que, mediante una presión sobre el mismo, produce una descarga abundante de agua, de duración variable a voluntad, procedente de la red de distribución o de un depósito acumulador intermedio.

SUPUESTO N.º 5

Supuesto sobre almacenamiento del material

Bruno G. trabaja como ordenanza en unas dependencias de un Ayuntamiento donde se almacena abundante material, herramientas y aparejos propiedad de la entidad local.

Bruno es el encargado de gestionar el almacén, recepcionando todo el material que llega, registrarlo y ubicarlo; así como, controlar las salidas que se producen en el almacén.

Para elevar pesos, el almacén cuenta con una polea amarrada a un elemento rígido en vuelo inclinado u horizontal, cuyo otro extremo está anclado a la base. El almacén cuenta también con una transpaleta manual, una transpaleta autopropulsada y una carretilla elevadora retráctil.

Además de las estanterías correspondientes para el almacenaje de los productos, el almacén cuenta también con un armario para el almacenamiento de sustancias inflamables.

En lo que va de mañana, el almacén ha tenido los siguientes movimientos:

1º. A las 9,10; Personal del Servicio de Fiestas Locales, debidamente acreditado, viene a por las cajas que contienen las bombillas del alumbrado del recinto ferial.

2º. A las 9,50; unos operarios de Mantenimiento vienen a devolver unas herramientas que recogieron hace una semana para la realización de unos trabajos en la vía pública. Entre los objetos hay un espejo de tráfico utilizado eventualmente en algunos cruces provisionales con ocasión de obras en la calzada. Para guardar el espejo de tráfico, ante la falta del contenedor original, Bruno opta por guardarlo en una caja dura de cartón que tiene las medidas adecuadas.

3º. A las 10,25; una empresa de transportes entrega un contenedor con material adquirido por el Ayuntamiento para unas jornadas que se celebrarán próximamente en el Aula de Cultura. El contenedor, que viene sobre un palé (europalé), pesa unos 120 kg.

Cuestiones

1. ¿Cuál es el peso máximo recomendado que deben tener las cajas de bombillas, para su manipulación por el Ordenanza, suponiendo que se trata de una tarea esporádica, en condiciones seguras, y que Bruno es un trabajador sano y entrenado físicamente?

a) 20 kilos.
b) 30 kilos.
c) 40 kilos.
d) 50 kilos.

2. Por regla general, el peso máximo que se recomienda no sobrepasar (en condiciones ideales de manipulación) es de:

a) 20 kilos.
b) 25 kilos.
c) 30 kilos.
d) 35 kilos.

3. Supongamos que Bruno, un trabajador sano y entrenado físicamente, ha de coger la carga en peso, a la altura de media pierna con los brazos extendidos; el peso teórico recomendado que podría manejar no debería superar:

a) 12 x 0,6= 7,2 kilos.
b) 20 kilos.
c) 20 x 1,6= 32 kilos.
d) 8 x 1,6= 12,8 kilos.

4. ¿A cuál de las siguientes alturas se puede soportar un peso mayor con los brazos doblados?

a) A la altura del hombro.
b) A la altura de los nudillos.
c) A la altura de la cabeza.
d) A la altura del codo.

5. ¿Cuál es la anchura máxima recomendada de la carga?

a) Unos 30 cm.
b) Unos 45 cm.
c) Unos 60 cm.
d) Unos 90 cm.

6. ¿Cuál es el rango de temperaturas recomendado en locales interiores para trabajos ligeros?

a) Entre 14° y 25 °C.
b) Entre 10° y 20 °C.
c) Entre 20° y 30 °C.
d) Entre 15° y 20 °C.

7. La profundidad de la carga no debe superar:

a) Los 50 cm.
b) Los 75 cm.
c) Los 90 cm.
d) Los 120 cm.

8. Para asegurar el espejo en la caja de cartón, Bruno utiliza relleno de pórex; ¿en qué consiste este protector?

a) En planchas de cartón compacto.
b) En finas láminas de espuma de polietileno.
c) En unas bolitas o "S" de pequeño tamaño.
d) En un colchón amortiguador que se adapta al contorno del producto.

9. El almacén cuenta con una polea de tipo:

a) Cabria.
b) Garrucha.
c) Polipasto.
d) Torno.

10. Si la carretilla con la que cuenta el almacén es una carretilla de pantógrafo, estamos refiriéndonos a una carretilla:

a) De mástil retráctil.
b) Elevadora contrapesada.
c) Transelevadora.
d) De horquillas retráctiles.

11. ¿Cómo se llama el almacenamiento de los productos sueltos, es decir, de aquellos que no están estructurados en forma de unidades de carga?

a) Almacenamiento a granel.
b) Almacenamiento desordenado.
c) Almacenamiento en bloque.
d) Almacenamiento ordenado.

12. Para el apilamiento de botellas sobre un palet, Bruno las colocará por pisos separando unos de otros con unas planchas de cartón compacto llamadas:

a) Intercaladores.
b) Tambores.
c) Nidos de abeja.
d) Prensas.

13. ¿Cuáles son las medidas del europalet?

a) 1200 mm x 1200 mm.
b) 600 mm x 1400 mm.
c) 1000 mm x 1000 mm.
d) 800 mm x 1200 mm.

14. ¿Cuál es el límite de carga manipulada de forma manual acumulada diariamente por Bruno en un turno de 8 horas, suponiendo que los trayectos son superiores a los 10 metros?

a) 5.000 kg.
b) 6.000 kg.
c) 1.500 kg.
d) 10.000 kg.

Solución supuesto n.º 5

1. d) 40 kilos.

Por regla general, el peso máximo que se recomienda no sobrepasar (en condiciones ideales de manipulación) es de 25 kg.

En circunstancias especiales, trabajadores sanos y entrenados físicamente podrían manipular cargas de hasta 40 kg, siempre que la tarea se realice de forma esporádica y en condiciones seguras. (Se multiplica el peso general 25 x 1,6).

2. b) 25 kilos.

Por regla general, el peso máximo que se recomienda no sobrepasar (en condiciones ideales de manipulación) es de 25 kg.

3. d) 8 x 1,6= 12,8 kilos.

El peso teórico recomendado que se podría manejar en función de la posición de la carga con respecto al cuerpo se indica en la siguiente imagen. Para mujeres, trabajadores jóvenes o mayores multiplicaremos los pesos recomendados por 0,6. Esporádicamente, para trabajadores sanos y entrenados físicamente, se multiplicará por 1,6.

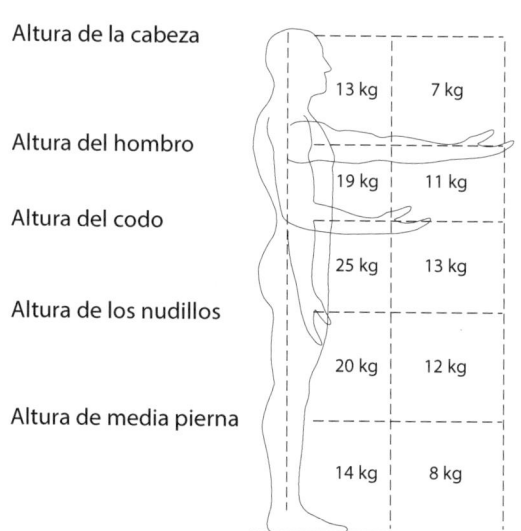

Altura de la cabeza — 13 kg | 7 kg

Altura del hombro — 19 kg | 11 kg

Altura del codo — 25 kg | 13 kg

Altura de los nudillos — 20 kg | 12 kg

Altura de media pierna — 14 kg | 8 kg

4. d) A la altura del codo.

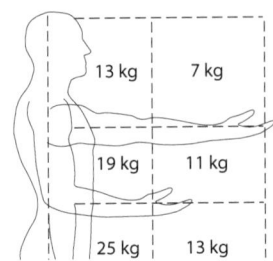

Altura de la cabeza

13 kg   7 kg

Altura del hombro

19 kg   11 kg

Altura del codo

25 kg   13 kg

5. c) Unos 60 cm.

Es conveniente que la anchura de la carga no supere la anchura de los hombros (60 cm aproximadamente).

6. a) Entre 14° y 25 °C.

Se recomienda que en locales interiores el rango de temperaturas para trabajos ligeros se encuentre entre 14° y 25 °C.

7. a) Los 50 cm.

La profundidad de la carga no debería superar los 50 cm, aunque es recomendable que no supere los 35 cm. El riesgo se incrementará si se superan los valores en más de una dimensión y si el objeto no proporciona agarres convenientes.

8. c) En unas bolitas o "S" de pequeño tamaño.

Material en forma de bolitas o "S" de pequeño tamaño que se utiliza para rellenar las cajas y proteger así su contenido.

9. b) Garrucha.

Las poleas son elementos de transmisión de una fuerza. Pueden ser simples o compuestas, cuando se utilizan varias.

Las **poleas simples** se emplean para elevar pesos y constan de una rueda por la que pasa una cuerda. El mecanismo es muy sencillo, se cuelga el peso en un extremo de la cuerda y se tira del otro extremo para levantar el peso. Las poleas simples pueden ser fijas y móviles.

Ejemplos de sistemas con poleas simples fijas son la garrucha y la cabria, ambas compuestas por una polea que en el caso de la **garrucha** se encuentra amarrada a un elemento rígido en vuelo inclinado u horizontal, cuyo otro extremo está contrapesado o anclado a la base. En el caso de la **cabria,** la polea se encuentra suspendida en el punto de unión de tres puntales inclinados formando un trípode.

10. d) De horquillas retráctiles.

En las carretillas de horquillas retráctiles, también conocidas con el nombre de carretillas de pantógrafo, las horquillas van montadas sobre un tablero que está unido a una
especie de pantógrafo, que puede ser simple o doble, el cual, mediante uno o varios
cilindros hidráulicos, casi nunca más de dos, produce la extensión de las horquillas y
por ende de la carga.

11. a) Almacenamiento a granel.

El almacenamiento a granel es el almacenamiento de los productos sueltos, es decir,
de aquellos que no están estructurados en forma de unidades de carga.

Estos productos se almacenan formando montones o rimeras, bien adosados a pare-
des o bien en el centro de un almacén. Los tipos de almacenes utilizados pueden ser:

– Al aire libre.

– Cubiertos.

La elección de uno u otro tipo de almacén depende exclusivamente de las características del material a almacenar y de su capacidad de resistencia ante los efectos clima-
tológicos.

12. a) Intercaladores.

Los intercaladores son planchas de cartón compacto que permiten el apilamiento de
botellas. Las botellas dispuestas sobre un palé se pueden colocar por pisos separando
unos de otros con intercaladores.

Esto facilita el equilibrio de las botellas, y evita su caída o vuelco.

13. d) 800 mm x 1200 mm.

La medida más corriente para la plataforma del palé es de 800 x 1200 mm para todos
los productos de gran consumo. El europalé o palé europeo estándar es un tipo específico de palé con estas medidas anteriormente descritas.

14. b) 6.000 kg.

Los límites de carga acumulada diariamente en un turno de 8 horas, en función de la
distancia de transporte, no deben superar los de la siguiente tabla:

Distancia de transporte (metros)	Kg/día transportados (máximo)
Hasta 10 metros	10.000 kg
Más de 10 metros	6.000 kg

SUPUESTO N.º 6

Supuesto sobre Plan de Autoprotección

Edelmiro es un funcionario de una Diputación Provincial; su puesto de trabajo está ubicado en la quinta planta del edificio donde esta tiene su sede, que tiene un total de once plantas.

La capacidad estimada del edificio es de unas 1.200 personas.

Edelmiro forma parte del Equipo de Primera Intervención junto con otro compañero que trabaja en la segunda planta del mismo edificio.

El Jefe entrega a Edelmiro un Plano del edificio, donde se representan todas las señalizaciones e instalaciones de evacuación y protección contra incendios con que cuenta el edificio, para que compruebe que todas se encuentran perfectamente visibles, correctamente instaladas y en buen estado.

Cuestiones

1. ¿Quién es el responsable en el edificio donde trabaja Edelmiro de activar el Plan de Actuación en Emergencias?

a) El Presidente de la Corporación.
b) Un miembro del Equipo de Alarma y Evacuación.
c) El Director del Plan de Actuación en Emergencias.
d) El Jefe de Intervención.

2. ¿Cómo se denomina al aviso o señal por la que se informa a las personas para que sigan instrucciones específicas ante una situación de emergencia?

a) Alerta.
b) Peligro.
c) Alarma.
d) Riesgo.

3. Si se diera una situación que para ser dominada requiriese la actuación de equipos especiales del sector, no siendo previsible que afectara a sectores colindantes, Edelmiro sabría que está ante una situación:

a) De preemergencia.
b) De conato de emergencia.
c) De emergencia general.
d) De emergencia parcial.

4. Si Edelmiro tuviese que avisar de forma rápida a los equipos de emergencia del propio establecimiento e informar al resto de los equipos y solicitar en su caso ayudas de intervención externa ante una situación de emergencia, estaría dando una:

a) Alarma.
b) Alerta.
c) Señal de socorro.
d) Orden de evacuación.

5. El refugio en una dependencia del edificio ante un riesgo exterior o interior que desaconseje la evacuación, se denomina:

a) Encierro.
b) Preevacuación.
c) Confinamiento.
d) Retirada parcial.

6. Como miembro del Equipo de Primera Intervención, Edelmiro deberá:

a) Establecer la situación de emergencia en función del nivel de gravedad.
b) Valorar la emergencia.
c) Acudir al lugar donde se ha producido la emergencia con objeto de controlarla.
d) Asumir la dirección y coordinación de los equipos de emergencia en el lugar del accidente.

7. Es una función de Edelmiro, como miembro del Equipo de Primera Intervención:

a) Señalar las anomalías que se produzcan en los sistemas de protección encomendados y conseguir su rápida reparación.
b) Proponer periódicamente, y en su caso, organizar los simulacros de emergencia.
c) Conducir ordenadamente la evacuación de la planta o zona asignada y abandonarla, previa comprobación de que no queda nadie atrapado o lesionado.
d) Controlar el traslado de las personas afectadas prestando los primeros auxilios a los accidentados con los medios disponibles en ese momento.

8. Edelmiro comprobará que las señales de salida de emergencia, cuando la distancia de observación esté comprendida entre 20 y 30 metros, tienen el siguiente tamaño:

a) 21 x 21 cm.
b) 42 x 42 cm.
c) 30 x 30 cm.
d) 59,4 x 59,4 cm.

9. Edelmiro comprobará que se dispone de señales indicativas de los recorridos de evacuación, visibles desde todo origen de evacuación desde el que no se perciban directamente las salidas o sus señales indicativas y en particular, frente a toda salida de un recinto que acceda lateralmente a un pasillo, si el recinto tuviera una ocupación mayor de:

a) 30 personas.
b) 50 personas.
c) 70 personas.
d) 100 personas.

10. Los pulsadores de alarma deben estar situados de modo que la distancia máxima a recorrer, desde cualquier punto hasta alcanzar un pulsador, no supere los:

a) 10 metros.
b) 25 metros.
c) 40 metros.
d) 50 metros.

11. La distancia de separación máxima entre cada boca de incendio equipada (BIE) y su más cercana será de:

a) 25 metros.
b) 30 metros.
c) 40 metros.
d) 50 metros.

12. En condiciones normales de funcionamiento, el peso de un extintor de incendio portátil será igual o inferior a:

a) 10 kilos.
b) 20 kilos.
c) 25 kilos.
d) 30 kilos.

Solución al supuesto n.º 6

1. c) El Director del Plan de Actuación en Emergencias.

El Director del Plan de Actuación en Emergencias será responsable de activar dicho plan de acuerdo con lo establecido en el mismo, declarando la correspondiente situación de emergencia, notificando a las autoridades competentes de Protección Civil, informando al personal, y adoptando las acciones inmediatas para reducir las consecuencias del accidente o suceso.

2. c) Alarma.

Los conceptos y términos fundamentales utilizados en la Norma Básica de Autoprotección de los centros, establecimientos y dependencias, dedicados a actividades que puedan dar origen a situaciones de emergencia, deben entenderse así definidos:

(…)

Alarma: aviso o señal por la que se informa a las personas para que sigan instrucciones específicas ante una situación de emergencia.

3. d) De emergencia parcial.

Las emergencias se pueden clasificar en función de la gravedad de la situación, pudiendo ser situaciones sucesivas.

La Emergencia parcial, es aquella situación que para ser dominada, requiere la actuación de equipos especiales del sector. No es previsible que afecte a sectores colindantes. Se producirá la evacuación de la zona afectada, fuera del inmueble o a otro sector (o el confinamiento).

4. b) Alerta.

Se define la alerta como situación declarada con el fin de tomar precauciones específicas debido a la probable y cercana ocurrencia de un suceso o accidente.

La alerta consiste en avisar de la forma más rápida a los equipos de emergencia del propio establecimiento e informar al resto de los equipos y solicitar en su caso ayudas de intervención externa, cuando se produce una emergencia.

5. c) Confinamiento.

Los conceptos y términos fundamentales utilizados en la Norma Básica de Autoprotección de los centros, establecimientos y dependencias, dedicados a actividades que puedan dar origen a situaciones de emergencia, deben entenderse así definidos:

(…)

Confinamiento: medida de protección de las personas, tras un accidente, que consiste en permanecer dentro de un espacio interior protegido y aislado del exterior.

6. c) Acudir al lugar donde se ha producido la emergencia con objeto de controlarla.

El Equipo de Primera Intervención (EPI) tiene como misión acudir al lugar donde se ha producido la emergencia con objeto de controlarla. Sus componentes son aquellos, de entre el personal del establecimiento, que deben tener una formación y el adiestramiento adecuado. Es necesario que su composición sea, como mínimo, de dos personas.

7. a) Señalar las anomalías que se produzcan en los sistemas de protección encomendados y conseguir su rápida reparación.

El Equipo de Primera Intervención (EPI) tiene las siguientes funciones:

- Deben conocer los riesgos específicos del inmueble y particulares de cada planta o sector debidamente clasificados, por el uso y actividad desarrollada, así como los riesgos externos que puedan afectarle.

- Deben conocer las dotaciones y ámbitos de aplicación de los medios de Autoprotección disponibles en el inmueble y los asignados en cada zona.

- Señalar las anomalías que se produzcan en los sistemas de protección encomendados (detección, alarma, extinción y evacuación) y conseguir su rápida reparación.

- Combatir los riesgos desde su descubrimiento con los medios disponibles en el inmueble y, una vez hayan transmitido la alarma, aplicar las consignas del Plan de Autoprotección.

- Evitar la propagación del riesgo cerrando puertas y ventanas y alejando o enfriando los productos inflamables y combustibles próximos al foco de incendio.

- Seguir las instrucciones de sus superiores y de cualquier otra persona cualificada dentro de este Plan de Autoprotección (Bomberos, etc.).

8. d) 59,4 x 59,4 cm.

Se trata de unas recomendaciones en cuanto a la señalización de los medios de evacuación, según las cuales se establece que el tamaño de las señales será:

a) 210 x 210 mm cuando la distancia de observación de la señal no exceda de 10 m.

b) 420 x 420 mm cuando la distancia de observación esté comprendida entre 10 y 20 m.

c) 594 x 594 mm cuando la distancia de observación esté comprendida entre 20 y 30 m.

9. d) 100 personas.

Se trata de unas recomendaciones en cuanto a la señalización de los medios de evacuación que establecen, entre otras medidas, que deben disponerse señales indicativas de dirección de los recorridos, visibles desde todo origen de evacuación desde el que no se perciban directamente las salidas o sus señales indicativas y en particular, frente a toda salida de un recinto con ocupación mayor de 100 personas que acceda lateralmente a un pasillo.

10. b) 25 metros.

Los aparatos, equipos y sistemas, así como sus partes o componentes, y la instalación de los mismos, deben reunir una serie de características, y referidos a los sistemas manuales de alarma de incendios, podemos señalar que los sistemas manuales de alarma de incendio estarán constituidos por un conjunto de pulsadores que permitirán provocar voluntariamente y transmitir una señal a una central de control y señalización permanentemente vigilada, de tal forma que sea fácilmente identificable la zona en que ha sido activado el pulsador.

Las fuentes de alimentación del sistema manual de pulsadores de alarma, sus características y especificaciones deberán cumplir idénticos requisitos que las fuentes de alimentación de los sistemas automáticos de detección, pudiendo ser la fuente secundaria común a ambos sistemas.

Los pulsadores de alarma se situarán de modo que la distancia máxima a recorrer, desde cualquier punto hasta alcanzar un pulsador, no supere los 25 metros.

11. d) 50 metros.

El número y distribución de las BIE en un sector de incendio, en espacio diáfano, será tal que la totalidad de la superficie del sector de incendio en que estén instaladas quede cubierta por una BIE, considerando como radio de acción de esta la longitud de su manguera incrementada en 5 m. La separación máxima entre cada BIE y su más cercana será de 50 m.

12. b) 20 kilos.

Los extintores de incendio portátiles están concebidos para que puedan ser llevados y utilizados a mano teniendo en condiciones de funcionamiento una masa igual o inferior a 20 kg.

Supuesto sobre control de accesos (memoria visual)

Una habilidad valorada en el personal ocupado del control de accesos a un edificio es la capacidad de observación y descripción, ya sea de personas, de espacios o de sucesos.

Por esta razón, proponemos un ejercicio práctico en el que a partir de unas imágenes que se proporcionan para ser analizadas con atención durante 10 segundos, se realizarán una serie de preguntas tipo test para comprobar la capacidad de observación y retención del opositor.

Una vez haya visualizado la imagen durante 10 segundos; ocúltela y conteste a las siguientes preguntas.

Cuestiones

1. ¿Cuántas personas aparecen en la fotografía?

a) 4.
b) 6.
c) 7.
d) 8.

2. ¿Cuántas mujeres hay?

a) 3.
b) 4.
c) 5.
d) 2.

3. ¿Cuántas personas llevan gafas?

a) Ninguna.
b) Una.
c) Dos.
d) Tres.

4. ¿Cuántas personas llevan chaqueta oscura?

a) Ninguna.
b) Dos.
c) Tres.
d) Cuatro.

5. ¿Cuántas personas llevan gorra o sombrero?

a) Ninguna.
b) Una.
c) Dos.
d) Todos.

6. ¿Cuántas personas hay en la primera fila?

a) 3.
b) 4.
c) 6.
d) 5.

7. ¿Cuántas personas de la primera fila son zurdas?

a) Ninguna.
b) Una.

c) Dos.
d) Todas.

8. ¿De qué color son las mesas?

a) Blancas.
b) Negras.
c) Grises.
d) No hay mesas.

9. ¿Cuántos hombres hay en la segunda fila?

a) Ninguno.
b) Uno.
c) Dos.
d) Tres.

10. ¿Cuántos hombres llevan corbata?

a) Ninguno.
b) Uno.
c) Dos.
d) Tres.

Observe esta imagen durante 10 segundos.

Oculte la imagen y conteste a las siguientes preguntas:

11. ¿Cuántas personas levantan el pulgar de la mano izquierda?

a) Ninguna.
b) Una.
c) Dos.
d) Todas.

12. ¿Cuántos llevan el botón de la chaqueta abrochado?

a) Ninguno.
b) Uno.
c) Dos.
d) Todos.

13. La disposición vista de izquierda a derecha por el observador es:

a) Chica-chica-chico-chico.
b) Chica-chico-chico-chica.
c) Chica-chico-chica-chico.
d) Chico-chica-chico-chica.

14. La persona que ocupa el tercer lugar, contando de izquierda a derecha, es:

a) La más alta de los cuatro.
b) La más alta de las chicas.
c) El más bajo de los chicos.
d) La más baja de las cuatro.

15. ¿Cuántos tienen camisa blanca?

a) Ninguno.
b) Uno.
c) Dos.
d) Todos.

16. ¿A cuántos de ellos se les ven las dos manos?

a) A ninguno.
b) A uno de los chicos.
c) A una de las chicas.
d) A todos.

17. ¿Cuántos mantienen los labios cerrados de modo que no se les ven los dientes?

a) Todos.
b) Ninguno.
c) Uno.
d) Dos.

18. ¿Cuántos de ellos llevan gafas?

a) Ninguno.
b) Uno.
c) Dos.
d) Tres.

19. ¿Cuántos de ellos llevan corbata?

a) Ninguno.
b) Uno.
c) Dos.
d) Tres.

20. ¿Cuántos de ellos llevan el cuello de la camisa sobre la chaqueta?

a) Ninguno.
b) Uno.
c) Dos.
d) Tres.

Solución al supuesto n.º 7

1. c) 7.

2. c) 5.

3. b) Una.

4. d) Cuatro.

5. a) Ninguna.

6. b) 4.

7. a) Ninguna.

8. a) Blancas.

9. a) Ninguno.

10. c) Dos.

11. a) Ninguna.

12. c) Dos.

13. c) Chica-chico-chica-chico.

14. d) La más baja de las cuatro.

15. d) Todos.

16. b) A uno de los chicos.

17. d) Dos.

18. a) Ninguno.

19. c) Dos.

20. b) Uno.

Cómo acceder al Curso
Ordenanza (Personal Laboral Grupo V)
Test y supuestos prácticos

El uso de los códigos **es exclusivo de los compradores de los productos de Editorial MAD**. Cada producto posee un código único y de un solo uso. Es personal e intransferible y da acceso a servicios y contenidos adicionales. Editorial MAD se reserva el derecho de hacer cuantas comprobaciones sean necesarias para identificar al legítimo poseedor del código y dejar de dar servicio a quien haga uso fraudulento del mismo, además de emprender cuantas acciones legales estime oportunas según la legislación vigente.

Deberás acceder a:

mad.es/registro-campus

Si una vez aceptadas las condiciones de uso del Campus decides hacer uso del mismo, necesitarás del siguiente código de acceso junto con los códigos del resto de títulos que se exigen (si fuera el caso):

VBLN8Q54TS